はじめての三国志

時代の変革者・曹操から読みとく

渡邉義浩 Watanabe Yoshihiro

★――ちくまプリマー新書

337

目次 ＊ Contents

はじめに

およそ、千八百年前、中国は時代の変革期を迎えていました。前後約四百年間もの間続いていた漢帝国（前二〇二年～二二〇年）は、宗教反乱である黄巾の乱により衰退し、最後の皇帝である献帝（在位、一八九～二二〇年）を擁立する曹操（一五五～二二〇年）により、その命脈が尽きようとしていたのです。二〇〇年、曹操は官渡の戦いで、最大のライバルであった袁紹（?～二〇二年）を破り、華北（中国北部）を支配すると、中国の統一を目指します。

曹操の滅ぼそうとする漢を懸命に守った者が、漢の帝室の末裔と称する劉備（一六一～二二三年）でした。関羽（?～二一九年）・張飛（?～二二一年）・趙雲（?～二二九年）の三武将に、日本では字（よびな）の孔明で知られますが、諸葛亮（一八一～二三四年）が加わり、一介の蓆売りであった劉備を蜀の皇帝にまで、押し上げます。蜀は、正式な国名を漢、あるいは、季漢といいます。季は末っ子という意味です。劉備の国家は、漢の継承を掲げる国家だったのです。

曹操が中国を統一できなかったのは、劉備と結んだ孫権（一八二～二五二年）の武将である周瑜（一七五～二一〇年）が、曹操を二〇八年に赤壁の戦いで破ったことによります。こうして、曹操の息子の曹丕（文帝、在位、二二〇～二二六年）が建国する魏（二二〇～二六五年）、劉備の蜀（二二一～二六三年）、孫権の呉（二二九～二八〇年）という三国が鼎立する（並び立つ）ことになりました。

吉川英治の小説『三国志』など、日本で流行した三国志が基本とするものは、『三国志演義』という小説です。横山光輝の漫画『三国志』も、あるいは多くの「三国志」のゲーム類も、『三国志演義』に基づいており、史書の『三国志』を正確に踏まえるものではありません。史書の『三国志』は、三国を統一した西晋（二六五～三一六年）という国家に仕えた、陳寿（二三三～二九七年）という歴史家により著されました。『三国志』は、三国時代が終わった直後の著作ですが、すべて正しい史実を記録できたわけではありません。陳寿は、自らの仕える西晋の正統性、西晋の高官となった魏の臣下たちを憚り、かれらに不利な史実を隠しながら、史書を執筆しました。『三国志』の一部である「魏志倭人伝」で、日本が大国に描かれているのもその一例です。
一方、元末明初（一四世紀ごろ）の羅貫中（生没年不詳）がまとめた『三国志演義』は、三国時代に関する伝説や物語、劇や語り物など多くの虚構を史実に加えた作品です。両者の根本的な相違は、その正統観にあります。陳寿が魏を正統として三国時代を記録したことに対して、蜀を正統とする朱子学（南宋の朱熹が集大成した儒学の一派）が官学であった時代に著された『三国志演義』は、蜀を正統とするのです。清の章学誠（一七三八～一八〇一年）により、「七分の実事、三分の虚構」と評された『三国志演義』は、三割の虚構の多くを蜀のために用いています。なかでも、天才軍師の役割を担わされた諸葛亮と、道教（中国の民俗宗教）の神として篤く信仰されていた関羽には、その表現に数々の工夫が凝らされているのです。

これら二つの本により伝えられる「三国志」の魅力は、人の生きざまにあります。「三国志」は、四百年以上続いた漢帝国が崩壊し、漢を支えていた儒教の開祖孔子（前五五一～四七九年）の権威にすら疑問が持たれた時代を舞台とします。おりしも、地球規模の寒冷化の中で、農業生産の中心は華北から江南（中国東南部）にうつり、漢の制度はすでに社会にあわないものになっていました。そうした明日が見えない時代の中で、人々はどのように未来を描き、日々を生きていたのでしょうか。「三国志」の魅力は、そうした不確実な時代の中に見える様々な人々の生きざまに、自らが今を生きる際の指針を求めることにあります。

倒れようとする漢を受け継ごうとした劉備・諸葛亮、劉備の志のため自らのすべてを賭けた関羽・張飛・趙雲たちは、崩壊しようとする価値観の再建を目指しました。今の言葉で言えば、保守、伝統を守ろうとした人々です。なかでも、諸葛亮の生き方は後世に大きな影響を与えました。

漢の復興を諦め、天下を三分して江東（長江下流域）に独立した孫権、その構想を立てた魯粛（一七二～二一七年）は、ローマ帝国をも分裂させた地球規模での寒冷化に対応し、江東に割拠して、地域の開発に勤しみました。現在、中国経済の中心となっている長江下流域の発展は、ここから始まるのです。

そして、時代の主役である曹操は、はじめは漢帝国を復興すべく矢継ぎ早の改革を試みましたが、やがて漢そのものを滅ぼす根源的な変革を求めていきます。曹操に袁紹を破らせた参謀の荀彧（一六三～二一二年）は、曹操の志の変化に苦しみ、やがて死に追い込まれます。妻の父である荀彧の死を見つめながら、曹操の子曹丕の魏建国を補佐した陳羣（?～二三六年）は、九品中正制度（科挙の前身となる官僚登用制度）を定めて、貴族制に制度的な保障を与えます。陳羣の部下として昇進してきた司馬懿（一七九～二五一年）は、諸葛亮の北伐（魏への侵寇）を防ぐだけではなく、曹室への不満を糾合して勢力を拡大し、その孫である司馬炎（武帝、在位二六五～二九〇年）が西晋を建国する基礎を築きあげていくのです。かれら社会の改革、革新を目指した人々を代表する人物は、曹操です。それでは、曹操の革新性はどこにあるのでしょう。

　曹操の革新性は、漢帝国の制度の改革に明確に現れます。それまで漢の支配では、豪族と呼ばれる大土地所有者の増加に対処できませんでした。そこで曹操は、土地を追われた農民を集め、土地を与え、種籾を渡し、耕牛を貸して土地を耕させました。これを屯田制といいます。それまでの屯田制は、軍隊が行うものでした。これに対して曹操の屯田制は、一般農民を対象とするもので、これが隋唐帝国の均田制、日本に入ってきて班田収授の法となりました。租庸調という税の取り方のうち、布で調を納めさせるという方法を始めたのも曹操です。当時の漢の貨幣経済は衰退していたのです。また、黄巾の乱を起こした農民たちに対しては、太平道というかれらの信仰を認めたうえで集団を受け入れ、青州兵と呼んで自らの軍事基盤にしました。さらに、儒教に基づいて採用していた官僚を才能に基づき採用することに変え、儒教一尊であった漢の価値基準を打破するために、多くの文化に価値を見出しました。なかでも、五言詩を普及させた文学は、人事基準にも用いられました。唐の科挙で文学の試験が行われたのは、曹操の影響なのです。もちろん、乱世を平定するため、『孫子』に注（解釈）を付け、自ら『兵書接要』という兵法書を編纂しています。しかし、こうした曹操の革新性に、人々はなかなかついていけませんでした。曹操の改革は、約四百年後の隋唐帝国で実現していくのです。

　これに対して、漢の伝統を維持しようとした諸葛亮は、その政策に限界がありました。曹操と同じように、漢の制度疲労を目の当たりにして、曹操に似た政策を展開します。だが、それは漢の制度の範囲内に止まるものでした。それでも、貨幣経済の衰退に対しては、鉄銭を鋳造して対応し、水利施設を整えて農業を振興、魏への北伐の際には、軍隊だけですが屯田制も実施しました。しかし、限られた人的資源のなか、多くの職務を一人で担った諸葛亮は、病のため五丈原に倒れたのです。それでも、千年後の南宋で朱子学を創設した朱熹が、諸葛亮を敬愛したように、漢字や漢民族という言葉に今も残る「古典」としての「漢」の伝統を守り続けようとした諸葛亮は、深く尊敬され続けます。なかでも、判官びいきの日本では、「三国志」の主役として愛され続けてきました。

現在の日本は、経済・政治の閉塞感・停滞感に覆われ、既成の価値観は大きく揺らいでいます。そうした時、先人たちがどのようにして時代を切り開いていったのか、その生き方を「三国志」に学んでみるのも、一つの方法ではないでしょうか。そのときに、取り上げるべきは、諸葛亮よりも曹操でしょう。

本書は、「三国志」の英雄の中から、「乱世の姦雄」と言われた曹操に焦点を当て、「三国志」を読み解いていきます。

第一章　志を立てる

1　乱世の姦雄

宦官の孫

曹操は、後漢の桓帝（在位、一四六～一六七年）の永寿元（一五五）年、豫州沛国譙県（今の安徽省亳州市）に生まれました。父は曹嵩（?～一九三年）、もともとは同郷の豪族・夏侯氏の出身でしたが、養子として迎え入れられたのです。それは、曹操の祖父曹騰（生没年不詳）が、宦官であったためです。

宦官とは、去勢された男子のことで、後宮（ハーレム）を持つ国には、広く置かれました。後宮に宦官がいないという珍しい歴史を持つ日本は、宦官の代わりに宮女が薙刀を習い、自ら武装しなければなりませんでした。それでも、日本に宦官を持ち込まなかったことは、遣唐使の大きな功績と言われています。それほどまでに、宦官は各国で権力に寄生し、国政を腐敗させたのです。

宦官は、本来賤しまれる存在ですが、皇帝や皇太后（皇帝の母。皇帝の幼少時に政治を執ることもあった）の手足となることで、権力を伸ばしていくのです。ことに、幼少の皇帝が即位して、外戚（皇帝の母方の一族。父方の一族は内親）が権力を握った場合には、皇帝と一緒に外戚を打倒することで、強大な権力を持つことが多くありました。もちろん、外戚と宦官が協力する場合もあります。曹操が生まれたときに即位していた桓帝は、外戚の梁冀（?～一五九年）と宦官の曹騰が力をあわせて擁立した皇帝でした。梁冀は、自分を「跋扈将軍」と批判した質帝（在位、一四五～一四六年）を暗殺するなど、後漢で最も専制的な外戚でした。

この結果、曹騰は、大長秋（皇后府の長官）という宦官の最高位に就き、巨万の富を手にします。その財力は、養子の曹嵩が売官（皇帝がお金を受け取り、臣下を官僚に就けること）に応じて三公（太尉・司徒・司空という三人の総理大臣）の筆頭である太尉という官職に就けたほどでした。しかも、その金額は相場の十倍の一億銭でした。まさしく

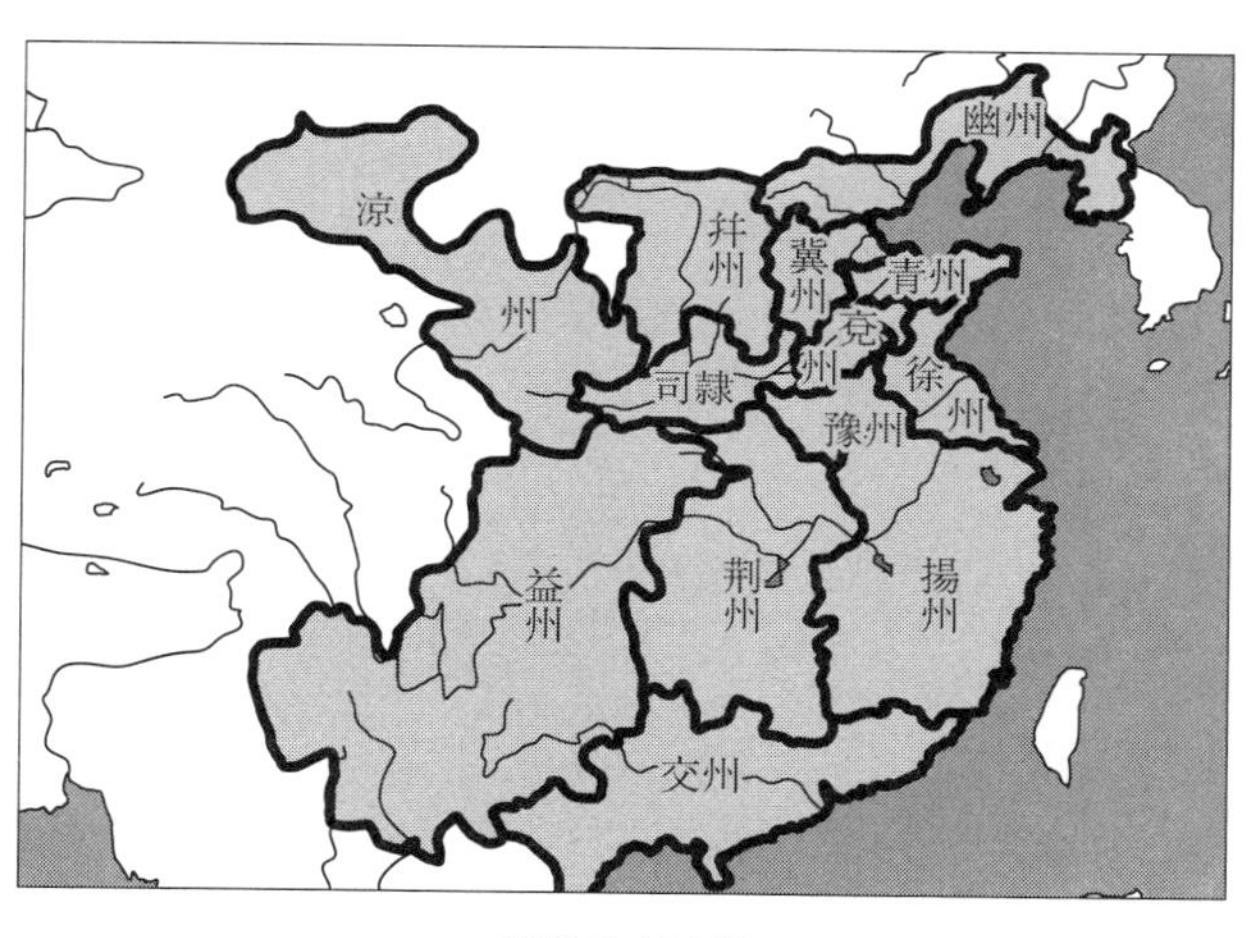

後漢の十三州

曹騰は、後漢を崩壊させた悪辣な宦官の典型であるように見えるかもしれません。しかし、かれがその権勢によって抜擢した人物は、意外にも天下に名高い人物ばかりだったのです。

祖父の人脈

曹騰は、宦官でありながら天下の賢人を皇帝に推挙し、広く交わりを結びました。曹騰の人脈は、とくに帝国西北の辺境防衛に活躍した者に広がっています。後漢は後半以降、チベット系の羌族の侵入に苦しんでいました。朝廷では、西域につながる涼州（甘粛省の中部・北西部と陝西省の一部）を放棄すべきか否かが議論されたほどです。このため、羌族と戦う征西将軍は、憧れのまとでした。曹操ものち、若いころには漢の征西将軍になることを志したと述懐しています。そうした曹操の志は、曹騰ゆかりの人々との交流に育まれたのでしょう。

かれらは、単なる武将ではありません。弟子に教授するほどの学識を持ちながら、戦場に出れば鮮やかな采配を振るう「儒将」でした。かれらのなかで、最も曹操に関わりを持つ者が种暠（一〇三～一六三年）です。

はじめ种暠は、曹騰に対する蜀郡太守（太守は郡の行政官）の贈賄を摘発した敵対者でした。曹騰に擁立された桓帝は、「曹騰はまだ賄賂を受け取っていない」として、种暠の弾劾を無効とします。种暠は曹騰の報復を恐れたことでしょう。ところが曹騰は、これを意に介さず、种暠は優れた官吏であると称え続けました。种暠はのち司徒になると、「自分が三公になれたのは、曹常侍（曹騰）のおかげである」と曹騰の恩を公言します。宦官すなわち悪、という一面的な捉え方ができないスケールを持つ人物、それが激しい政争のなかで、皇帝五代に過失なく仕えた曹騰という人物でした。曹操は、祖父の経済的な遺産のみならず、种暠を代表とする人脈という大きな遺産も継承します。

理想の人物

曹操は、まったく何もないところから生まれた天才ではありません。その生き方のモデルとなった人物がいます。それが橋玄（一〇九〜一八三年）です。橋玄は、种暠が目をかけ推挙した人物でした。すなわち、橋玄にとって曹操は、恩人（种暠）の、そのまた恩人（曹騰）の孫ということになります。この橋玄との出会いが、曹操に大きな影響を与えました。

後漢は崩壊する以前、各地の豪族など有力者の力を儒教を利用して取り込むことで、政治を運営していました。儒教を学んだ豪族をキャリア官僚の出発点となる「郎」に郷挙里選という官僚登用制度で推薦する代わりに、かれらの財力で税金をまかなわせるなどの統治をしていたのです。こうした支配の方法は、やがて豪族たちの意向を無視できなくなり、厳格な法の運用も難しくなります。具体的には、地方の役所は有力者の子弟で埋め尽くされ、かれらが罪を犯しても罰せられないような状況が生まれていたのです。この寛やかな統治を「寛治」と呼びます。これが、儒教を中心に置いた後漢の統治方法でした。
橋玄は、儒教官僚の家柄の出身でしたが、「寛治」とは正反対となる、法律に基づく徹底的に厳しい統治を行いました。これを「猛政」と言います。その激しさを端的に示すエピソードを紹介しましょう。

あるとき、橋玄の末子が賊の人質にされました。司隷校尉（首都圏長官）とともに、橋玄自身も現場に足を運びます。司隷校尉は橋玄の子の安全を考慮して、賊への攻撃をためらいました。すると橋玄は激しく叱咤して、鎮圧を強行させたのです。結果、橋玄の子の命は失われましたが、賊は誅滅されました。その足で橋玄は宮廷に赴き、「同様の事件の際には、人質の命は考慮せず鎮圧すべきです」と上奏したのです。橋玄は、すでに三公を歴任していました。天下の大宰相の苛烈な行動は、周囲への強烈なメッセージとなりました。これにより洛陽の人質事件は無くなったと言います。

こうした「猛政」を尊重する橋玄は、対外的な軍事指揮官としても大きな功績を残しています。異民族と接する北・西の辺境領域を統括する度遼将軍（異民族対策の責任者）となり、大きな成果を挙げています。万単位の精強な兵を率いて異民族と対峙し、時には交渉をして懐柔しながら、広大な帝国辺境を安定に導く。こうした度遼将軍の困難な任務を遂行するには、軍事に対する深い理解のみならず、交渉力・人心掌握力・行政力などが必要となります。橋玄の活躍を支えたのは、官僚・学者としての深い儒教的教養でした。橋玄こそ、まさに「儒将」と呼びうる存在であり、後漢後期の不穏な政情下で、最も有用で尊重されるべき人物でした。

乱世の姦雄

橋玄は曹操を「いま天下は乱れようとしている。民を安泰に導くものは、君であろう」と評価します。そして「君にはまだ名声がない。許劭と付き合うと良い」と言って、許劭（?〜?）を訪ねさせました。許劭は、「三世三公」（三世代にわたって三公を輩出した家柄）の出身です。宦官の養子の子である曹操に好意的であったわけではありません。しかし、三公を歴任していた橋玄の紹介を無視できなかったのでしょう。曹操を「治世の能臣、乱世の姦雄」であると評価します。これを聞いた曹操は大いに笑ったと言います。姦雄とは、簡単に言うと、悪い英雄という意味です。

『三国志演義』は、これをそのまま採用し、「姦雄と称されて大いに喜ぶとは、まさしく本当の姦雄である」と評をつけ、曹操が自らも姦雄と認めていたことを強調します。史実としては、評価を受けた曹操が笑ったのは、許劭の人物評価により、宦官の孫でありながら名士の仲間入りを承認されたことを喜んだ、と解釈するべきでしょう。後漢の衰退と共に、官僚となることよりも、名士の間で人物評価を尊重する風潮が成立していました。こうして、曹操は、袁紹や荀彧・許攸（?～二〇四年、官渡の戦いの際、袁紹より曹操に投降）も所属する何顒（生没年不詳）の名士グループに参加することができたのです。

許劭は、治世と乱世で評価が変わるべき人物と考えて、曹操を「乱世の姦雄」と評しました。乱世を変革する新しい時代の価値観は、すべての人々に歓迎されるわけではありません。むしろ、先進的な価値を理解できる者は、ごくわずかでしょう。官渡の戦いの際ですら、曹操陣営には自軍の勝利を信じない者が多くいました。大多数の一般人からは、曹操は「姦」であるが「雄」、すなわち、手段は常識破りであるが、成果はあがっている、と見られることになります。「姦雄」という言葉は、そうした曹操の手段と結果のアンビバレンスを見事に表現していると言えましょう。

名士社会への仲間入り

のちに曹操は、橋玄の墓を通り過ぎると、最高の供物を捧げて橋玄を祭っています。

もとの太尉の橋公は、立派な徳と高い道をもち、広く愛して広く受け入れた。操（わたし）は若年のころ、室内に招き入れられ、君子（橋公）に受け入れられた。（操が）栄達して注目を浴びたのは、すべて（橋公が）薦め励ましてくれたからである。かつて、橋公と約束をしたことがある。橋公は、「玄（わたし）が没した後、玄の墓を通り過ぎることがあれば、一斗の酒と一羽の鶏を持って地に酒を注がなければ、車が墓を離れる時に、（君の）お腹が痛んでも怨まないように」と言われた。親しい間柄でなければ、どうしてこのような言葉が述べられようか。今でも操は、昔を思い出して（橋公の操への）愛顧を思い、悲しみ悼（いた）む。わずかばかりの粗末な供物を捧げよう。橋公よ、これを受けてほしい。

『三国志』武帝紀注

文学者曹操の橋玄への思いを今に伝える名文です。

橋玄の勧めで受けた許劭の評価より、曹操がそのグループに加入した何顒は、种暠の子种輯と親しく交際しており、これも曹騰系の人脈と考えられます。何顒は、自分より年少の袁紹を「奔走の友」と呼んで深い関係を結ぶなど、著名な名士たちとグループを形成していました。何顒自身は、董卓（一三九～一九二年）の暗殺を図り死去しますが、曹操が袁紹や荀彧など当時を代表する名士の知遇を得る仲立ちをしたのです。

こうして曹操は、祖父の遺産と言える人々によって、人物評価と人脈を獲得し、自身も名士社会への仲間入りを果たします。国家の権威が失墜した後漢の末期では、何顒を見いだした郭泰（一二八～一六九年）や、曹操を評価した許劭など、著名な名士から名声を得て名士となることが、郷里に力を持つ豪族の支持を受けるため、また官僚となるためにも、最も重要でした。曹操は、橋玄という自らを磨く鏡を持ち、曹騰を起源とする人脈に支えられて名士となり、官僚としての道を歩み始めたのでした。

2　漢の衰退

黄巾の乱

「三国志」は事実上、光和七（一八四）年の黄巾の乱から始まります。「乱」という表現は、後漢の側からの呼び方であり、黄巾には黄巾の理想や正義があったはずです。ただ、歴史書は勝者の記録です。黄巾の乱を起こした張角（？〜一八四年）については、わずかな記録しか残りません。それによれば、張角の教えは、病気を治すことを中心にしたと言います。

治病により教線を拡大した張角は、後漢の混乱と自然災害の頻発を見て、漢の天下は終わり、自分たちの天下が始まることを説きました。たまたま光和七（一八四）年が「甲子」にあたることもあり、「蒼天已死、黄天当立。歳在甲子、天下大吉（蒼天　已に死す、黄天　当に立つべし。歳は甲子に在り、天下　大いに吉なり）」という十六文字のスローガンを掲げ、新しい世界の樹立を目指して蜂起したのです。

中国だけではなく、東アジアの宇宙論の根底に置かれるものは、陰陽五行説です。そこでは、万物は陰（地・月・女など）と陽（天・日・男など）との交わりによって生まれ、木・火・土・金・水という五行（五つの要素）から成り立ち、互いに移り変わるとされます。木を燃やすと火になるように、木（蒼）→火（赤）→土（黄）→金（白）→水（黒）→木……と、五行は互いに生まれていく。これを五行相生説と呼びます。

万物の中には、国家も含まれます。後漢は、赤をシンボルカラーとする火徳の国家でした。五行相生説によれば、火徳に代わるものは土徳で、黄色をシンボルカラーとします。後漢の滅亡後に建国された三国のうち、曹魏が黄初、孫呉が黄武・黄龍という元号を使っているのは、このためです。したがって、張角が始めた太平道という宗教結社の「黄天　当に立つべし」というスローガンは、五行相生説にも適合します。

しかし、「蒼天　已に死す」の「蒼」は、五行では木徳となり、五行相生説では火徳の漢の終焉を示すことにはなりません。この疑問を解く鍵は、各地で蜂起した太平道の中でも強盛を誇った青州の黄巾が、曹操との戦いの中で送った降服勧告にあります。

（黄巾の）賊は書簡を曹操に送って、「むかし君が済南国相であったとき、（城陽景王劉章の）神壇を破壊した。その道は、中黄太乙と同じであり、道を知っているかのように思われた。しかし、いま改めて迷い惑って（黄巾を攻撃して）いる。漢行はすでに尽きており、黄家がまさに立つべきである。天の大運は、君の才能や力量でよく制御できないところで動いている」と言った。

『三国志』武帝紀注引『魏書』

城陽景王とは、前漢の高祖劉邦（在位、前二〇二～前一九五年）の呂皇后（前二四一～前一八〇年）一族から漢を守った劉章（前二〇〇～前一七七年）のことで、その信仰は、前漢を奪った王莽（在位、八～二三年）を打倒した赤眉の乱の宗教的な背景になりました。黄巾は、その信仰内容ではなく、劉章、すなわち漢を守った王への祭祀を曹操が破壊したことを評価したのでしょう。また、「漢行」とは、五行思想における漢の寿命という意味ですから、黄巾は五行思想をも踏まえたうえで、漢家の滅亡と黄家の興隆を主張しています。

その際、黄巾は、自らの道を「中黄太乙（太一）」と称しています。太一とは、前漢の武帝（在位、前一四一～前八七年）のときに黄老思想（黄帝と老子を尊崇する思想）を背景に、最高神として祭祀を受けていた宇宙神です。今でも世界史の教科書には、武帝期に董仲舒（前一七六?～前一〇四?年）の献策により太学（国立大学）に五経博士が置かれ、儒教が国教化された、と書いてあるかもしれません。しかし、それは班固（三二～九二年）の『漢書』の偏向ある記述をそのまま信じたために生じた誤りです。儒教が国家を正統化する支配理念として唯一尊重され、支配の具体的な場に現れ、官僚にも豪族にも受容される「儒教国家」が成立するのは、後漢になってからのことです。

後漢「儒教国家」に代わる国家として、「儒教国家」の成立以前の前漢武帝期に祭祀されていた太一神に、黄巾が道（新たな国家の構成原理）を求めることは、自然な発想です。さらに、五行相生説において、火徳の漢を継ぐべき土徳のシンボルカラーが「黄」であったことは、黄老思想の復権に拍車をかけたことでしょう。

黄巾は、黄老思想に依拠した新たなる天の観念に基づいてスローガンを立てたのです。スローガンの「黄天　当に立つべし」の黄天は、太平道の天である中黄太乙でした。すると、対句である「蒼天　已に死す」の蒼天は、必ずしも現実に存在する漢帝国である必要はありません。黄天が太平道の天である中黄太乙であるならば、蒼天は儒教の天、それは後漢「儒教国家」の天でもある昊天上帝（儒教の最高神、天と同義）を指す、と考えられます。儒教経典の『詩経』黍離では、昊天上帝は「蒼天」とされています。「蒼天　已に死す、黄天　当に立つべし」とは、「儒教国家」の天である昊天上帝はすでに死んでおり、太平道の天である中黄太乙が代わって立つことを宣言したものなのです。曹操がこれにどう対応したのかは、後に述べることにしましょう。

黄巾の乱に対して、後漢の霊帝（在位、一六七～一八九年）は、北中郎将（中郎将は将軍より下位の指揮官）の盧植（?～一九二年）、左中郎将の皇甫嵩（?～一九五年）、右中郎将の朱儁（?～一九五年）に黄巾の平定を命じました。最も活躍した皇甫嵩は、潁川郡（河南省禹縣）の黄巾を破り、汝南郡（河南省平輿県の北）・陳郡（河南省淮陽県）・東郡（河南省濮陽県の南西）の各地を転戦しながら勝利を重ねます。ついに広宗の戦いで張角の弟張梁（?～一八四年）を討つと、すでに病死していた張角の棺を壊し、その首を洛陽に送り届けます。さらに、下曲陽で張角の弟張宝（?～一八四年）を討ち、黄巾の討伐に成功したのです。

董卓の専横

黄巾の乱より前に、曹操は、洛陽北部尉という官から、キャリアをスタートさせていました。これは、首都洛陽の警備を担当する官で、江戸時代の日本で言えば、江戸の北町奉行に当たるような職です。洛陽北部尉に就いた曹操は、権勢の有無に拘らず、法を犯した者を厳罰に処し、悪質な者は杖で叩き殺すなど、まさに橋玄ばりの「猛政」を展開しました。

そして、光和七（一八四）年に黄巾の乱が始まると、騎都尉（騎兵の指揮官）として豫州潁川郡の黄巾鎮圧に活躍し、戦闘指揮官として高い能力を示しました。その功績で青州済南国（山東省済南市ほか）の国相（行政長官）になります。曹操は、赴任すると、汚職の横行を見て管轄下の県の長官の八割を追放します。ここでも「猛政」を行って綱紀を粛正したのです。しかし「猛政」は恨みを買います。曹操は、一族に累が及ぶことを恐れ、一時隠棲しました。

それでも時代は曹操を埋もれさせません。中平五（一八八）年、霊帝が西園八校尉という皇帝の直属軍を創設すると、曹操は八校尉のうち上から四番目の典軍校尉に復職を果たします。八校尉で二番目の中軍校尉に就いた袁紹と同列の中央官に返り咲くことができたのです。

黄巾の乱を平定しても、後漢は建て直りません。宦官と外戚の対立が続いていたからです。外戚の何進（?～一八九年）は、宦官の全滅を謀り、その後ろ楯として強力な軍隊を首都洛陽に呼びよせようとします。先手を打った宦官は、何進を宮中で殺害しました。何進と共に計画を練っていた袁紹は、軍を率いて宦官を皆殺しにしますが、少帝（在位、一八九年）は宦官に連れ出され、都の外を彷徨いました。そこに、何進に呼ばれていた董卓が涼州より到着、皇帝を擁立して権力を掌握したのです。

『三国志演義』は、董卓を「三国志」随一の暴君に描きます。董卓にそうした側面が多かったことは事実です。しかし、時代の変革期に現れる破壊者は、その時代の価値観を粉々に打ち砕くと共に、新たなる価値観を見出していきます。董卓は名士を積極的に登用しているのです。董卓のブレーンとなった名士蔡邕（一三二～一九二年）は、儒教の

熹平石経　後漢の経文を今日に伝える

経典を石に刻み（熹平石経）、漢の制度を著作にまとめました。後漢の文化と制度は、董卓の政権下で保存されたのです。それでも、勧善懲悪を目的の一つとする『三国志演義』は、董卓の創造的な側面を全く描きません。

　皇帝の廃立により独裁権を握ろうとした董卓に、堂々と反対した者は、并州刺史の丁原（?～一八九年）でした。丁原もまた、強力な軍隊を率いていたのです。翌日、丁原は、養子の呂布（?～一九八年）の圧倒的な活躍により、董卓を破りました。驚いた董卓は、名馬「赤兎馬」と莫大な金銀宝玉を呂布に贈ります。利に釣られた呂布は、丁原を殺し、その首を手土産に董卓の養子となりました。

武勇では向かうところ敵なしの呂布を手に入れた董卓は、ふたたび皇帝の廃立を唱えます。今度は、袁紹が反対しました。袁紹は「四世三公」（四世代にわたって宰相の三公を輩出した家柄）と称えられた名門の出身です。「陛下は即位してから日も浅く、なんら不徳を犯していない。おまえは嫡子（何皇后の子の少帝）を廃して、庶子（王美人の子の陳留王）を立てようとしている。謀反以外のなにものでもない」。袁紹と董卓は互いに刀を抜いて睨み合います。やがて袁紹は、刀を提げたまま退出すると、冀州へと立ち去りました。

こうして反対勢力をすべて排除した董卓は、少帝を廃して弘農王とし、九歳の陳留王（献帝）を立てました。董卓はこののち弘農王を殺し、相国（三公より上位の上公、独裁を防ぐため廃止されていた）に就くと、宮女を姦淫して天子の寝台で休み、村祭りを襲撃して賊を滅ぼしたと宣伝するなど、悪逆非道の限りを尽くします。

灰塵に帰した洛陽

曹操は、のちにこの様子を楽府（楽曲の歌詞）に詠みました。「薤露行」です。薤露行とは、楽府の古い題名です。曹操は替え歌を作ったのです。楽府とは、前漢の武帝の創設した上林楽府（上林園に置かれた。楽府は楽団）が、音楽史上革新的な業績を挙げ、後世の宮中音楽のあり方を規定したことに因む言葉です。薤露行は本来、葬送のための挽歌（柩を載せた車を挽く人たちがうたう悲しみの歌）でした。

薤露歌

薤上露　　　　　薤上の露
何易晞　　　　　何ぞ晞き易し
露晞明朝更復落　露　晞かば　明朝　更に復た落つ
人死一去何時帰　人　死して　一たび去らば　何れの時にか帰らん

『太平御覧』巻十二　礼儀部　輓歌

薤露歌は、漢代には王侯・貴人の葬送の際に用いられたと言います。薤露とは、薤［おおにら］の葉の上の露のことで、はかなさを象徴します。しかし、すぐに乾いてしまう薤の露であっても、明日になればまた次の露が落ちてきます。そうした永遠の営みに対して、人は一度死ぬと二度と帰ることはありません。

葬送曲に相応しい人の死を嘆く歌詞です。これに付けられていたメロディーは失われましたが、悲しいメロディーだったのでしょう。だからこそ、曹操は、外戚と宦官の専横により後漢が滅んでいく様子をこの曲調に乗せて歌ったのです。

薤露行　　魏武帝（曹操）

惟漢廿二世　　惟(おも)うに漢の廿二世(にじゆうにせい)
所任誠不良　　任ずる所　誠に良からず
沐猴而冠帯　　沐猴(もくこう)にして冠帯(かんたい)し
知小而謀彊　　知小(ちしょう)にして　謀(はかりごと)彊(つよ)し
猶豫不敢断　　猶豫(ゆうよ)して敢(あ)えて断ぜず
因狩執君王　　狩に因(よ)りて君王を執(と)る
白虹為貫日　　白虹(はくこう)　為(ため)に日を貫き

己亦先受殃
賊臣持国柄
殺主滅宇京
蕩覆帝基業
宗廟以燔喪
播越西遷移
号泣而且行
瞻彼洛城郭
微子為哀傷

己も亦た先づ殃を受く
賊臣 国柄を持し
主を殺し宇京を滅ぼす
帝の基業を蕩覆し
宗廟 以て燔き喪ぼさる
播越して西に遷り移るもの
号泣し而して且つ行く
彼の洛城の郭を瞻れば
微子 為に哀傷せん

『楽府詩集』巻二十七 相和歌辞二

「漢の廿二世」とは霊帝、その「任ずる所」とは、大将軍となっていた外戚の何進のことです。「沐猴」とは猿。曹操は、猿が冠をかぶったようだ、

漢魏洛陽故城　一面の麦畑である

と何進を蔑みます。そして、典拠とする『史記』巻七 項羽本紀に基づき、荊州南陽郡出身の何進を文化を知らない「楚人」と位置づけます。決断力に欠ける何進は、袁紹とともに宦官の誅滅を謀りながら、かえって宦官に殺害されました。

「狩に因りて君王を執る」とは、混乱の中、宦官の張譲（一三五？～一八九年）と一緒に、霊帝の子少帝が逃げまどい、董卓に保護されたことを指します。「賊臣」董卓は権力を握ると、「主」の少帝を初平元（一九〇）年正月に弑殺します。すると、二月「白虹 日を貫」いた、と『後漢書』本紀九 献帝紀も記しています。白い虹が日を貫くことは、君主が危害を受ける象徴でした。少帝を廃して献帝を立てた董卓は、「宇京」洛陽を破壊して、長安へと遷都します。「微子」は、殷の紂王（前一一〇〇年ごろ）の庶兄で、殷が滅亡したのち、廃墟となった都を見て「麦秀」という詩を詠んだと、『史記』巻三十八 宋微子世家は伝えています。これを「麦秀の嘆」と言います。曹操は、自らを微子にたとえることで、洛陽の廃墟を見た哀傷を表現しているのです。

漢は、ここに滅亡した、と。

3　志のために

滎陽の戦い

董卓の暴政に対し、袁紹を盟主とする反董卓連合が組織されました。曹操も軍を率いて参加します。曹操は袁紹から行奮武将軍に任じられました。これに対して、董卓は、首都を守備に適さない洛陽から、軍事拠点の長安へと遷し、自分の根拠地である涼州に近づけて、長期戦に備えます。董卓を恐れる諸将は、動こうとはしません。董卓は、洛陽からの撤退時、追撃に備えて精強な涼州兵を残していきました。しかも、董卓は長安と要衝の函谷関を中心に防備を固める姿勢を見せていましたから、性急な追撃にはリスクが伴うのです。陣営には厭戦ムードが蔓延していきます。

このとき曹操は、率いる兵も少なく、大軍を動かせる立場にはありませんでした。それでも曹操は、董卓を討つことを主張します。泰山郡（山東省泰安市）から参加していた鮑信（一五二〜一九二年）は、その異才に気づき、「戦乱をおさめる者は君だ」と曹操に接近しました。理解者をえた曹操は、洛陽への進撃を唱え、衛茲（?～一九〇年）・鮑信とともに、滎陽県の汴水のほとりで、董卓の中郎将の徐栄（?～一九二年）と戦います。滎陽の戦いです。この戦いで曹操は、自身が負傷するばかりか、私財を提供して曹操の挙兵を支えてくれた衛茲、鮑信の弟鮑韜が戦死するなど多大な損害を被りました。大敗を喫したと言ってよいでしょう。

このの ち、袁紹ら諸将は、関東（函谷関より東）の分配に関心を移し、董卓との全面対決を避け続けます。失望した曹操は、揚州で兵を集めますが失敗し、袁紹に合流せざるを得ませんでした。曹操は、『孫子』に注（解釈）を付けるほどの兵法の達人です。それがなぜ、負けると分かっていながら、戦いに赴いたのでしょうか。

袁紹も曹操も、漢を守るために兵を起こしたはずでした。董卓が強いから戦わないというのでは、その志を疑われることになります。自分が何のために戦うのか、さらには、何のために生きているのか。それを示すために、曹操は敗戦が見えていながらも戦うという選択をしたのです。こうして董卓打倒に尽力した曹操は、漢室のために戦ったという大義名分を手に入れました。それが、漢の復興を求める名士たちに注目されたのです。
荀彧や郭嘉（一七〇〜二〇七年）など傑出した名士たちは、袁紹の野心が明らかになるにつれ、それまで仕えていた袁紹を見限って、自分の能力を生かす君主を求めるようになります。そのとき、董卓に挑んだ曹操の行動は、漢のための志を明らかにした果敢な義挙と捉えられました。これは、漢に心寄せる名士たちが、曹操のもとに身を投じる一因となりました。荀彧も郭嘉も、やがて曹操に仕えることになります。さらに、この行動は、後に長安を脱出した献帝を曹操が擁立する正統性を生みます。時代の先を読む改革者・曹操の視座の長さを感じさせる敗戦と言えましょう。

志を振り返る

曹操は、建安十五（二一〇）年十二月、五十六歳のときに、献帝からのさらなる封建を断るなかで、みずからの来し方を次のように振り返っています。

孤は初めて孝廉に推挙されたとき、まだ年若く、自分がもとより隠棲しながらに名を知られる者ではなかったので、天下の人々に凡愚と見なされることを恐れた。一郡の太守になって、政治をよく行い、それにより名声を得て、世の人々に自分の存在を示したいと考えた。それゆえ、済南国に赴任すると、凶悪で腐敗した者たちを排除し、公正な心で官僚の推挙を行い、中常侍たち（宦官の意向）に逆らった。（しかし）豪強の怒りを買い、家に禍が及ぶのを恐れて、病気を理由に帰郷した。

官を去ってもまだ若かった。（孝廉の）同期には五十歳の者もいたが、老人と呼ばれていなかった。自分では内心、今から身を引いて二十年、天下が静まるのを待ったとしても、同期の（五十歳で）初めて挙げられた者と同じになるだけだと考えた。そこで一年中郷里にこもり、譙県の東五十里に書斎を建て、秋と夏は読書をし、冬と春は狩猟をしようとした。底辺の地を求め、自ら泥水をかぶり、賓客が往来する希望を断ち切ろうとしたが、思った通りにすることはできなかった。

のちに（陛下に）徴されて都尉になり、典軍校尉に遷った。こうして気持ちを改めて、国家のために賊を討って功を立て、列侯に封ぜられて征西将軍となり、そして最期には墓道に「漢のもと征西将軍曹侯の墓」と題される。これが私の志だった。

孝廉とは、後漢の官僚登用制度である郷挙里選のうち、常挙と呼ばれた毎年の選挙方法です。ほかに緊急時の制挙があります。歴史に名を残すためには、約五千万人の人口のうち、〇・〇一五％に過ぎない約七千五百人の勅任官に就く必要がありました。キャリア官僚のスタートラインである「郎」に就任できる常挙は、郡太守が行う推薦試験です。後漢は、十三州からなり、州の下に約十の郡、郡の下に約十の県がありました。一つの郡は、だいたい三〇万人の人口を支配します。その中から、一年に一人、親孝行で金に汚くない、四〇歳以上の者が推薦されるのです。曹操の同期に、五十歳の孝廉がいても、おかしくはありません。

曹操が三十歳ぐらいで孝廉に挙げられたのは、祖父曹騰の影響力によります。袁紹など三公の子孫や、曹操など権力者の子孫は、四十歳という年齢制限は無関係なのです。もちろん、「郎」になってからの出世もスピードが違います。そうした伝を持たない人は、自分が親孝行で金に汚くないことを証明しなければなりません。

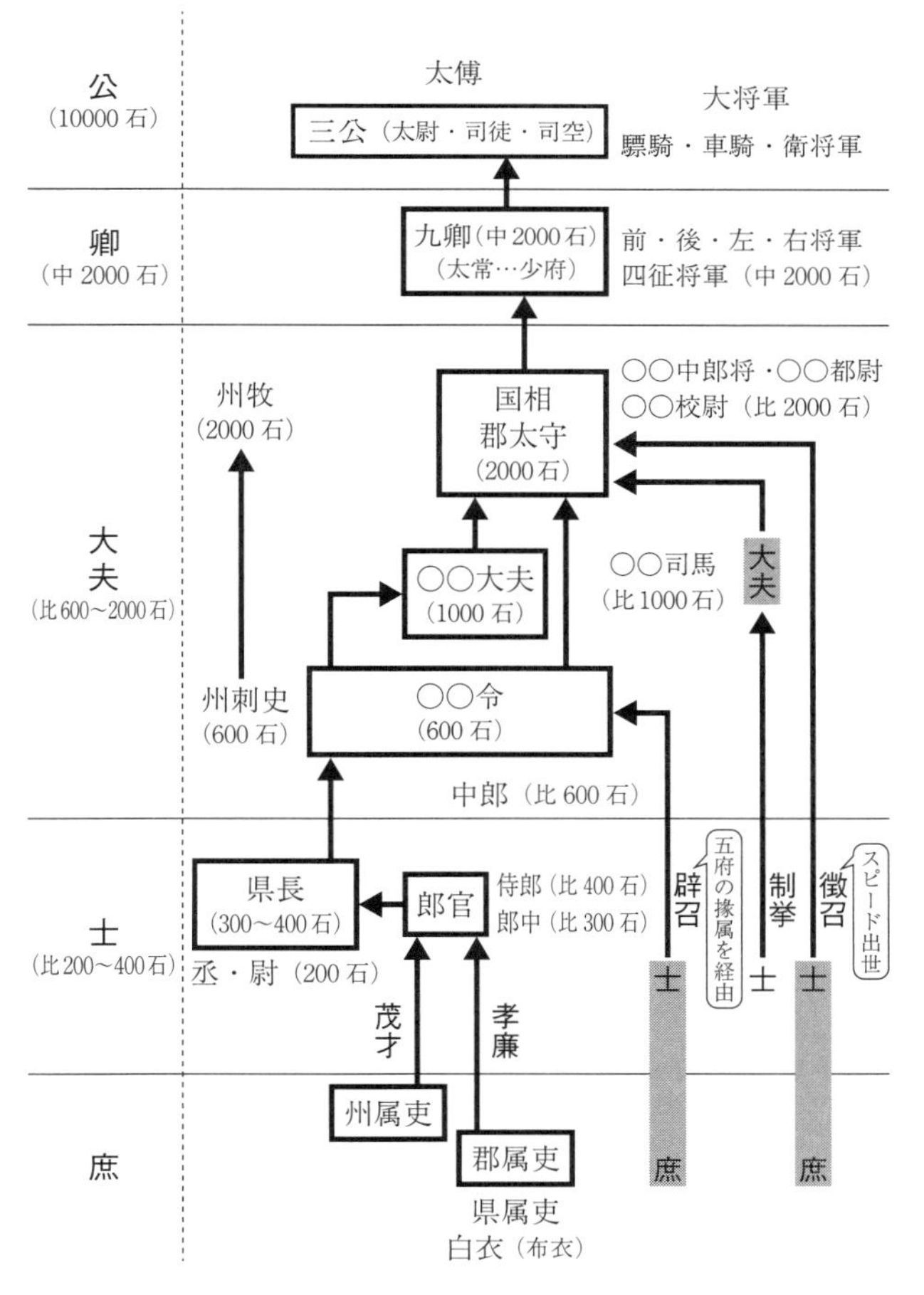

後漢の登用制度と出世の階梯のイメージ

そのための最も確実な方法は、親のお墓を立派に造り、金銀財宝を埋めることです。それにより、孝（親孝行）に加え廉（お金に汚くないこと）も示すことができます。これを「厚葬」と言います。しかも、大きな墓の墓道に住み、喪に服し続ければ、さらに名声が高くなるでしょう。ただし、あまりに過激な行動を取ることに、人としておかしい、と気づく者もいます。陳蕃（ちんばん）という著名な名士は、墓道で貧しく、女性と接しないで喪に服しているはずの孝行者が、実はその間に子を産ませていることを突き止め、処刑しています。孝といった儒教の徳目を中心に置く、後漢「儒教国家」の官僚登用制度は、このような弊害を生み出し、儒教を形骸化していきました。やがて曹操は、これに激しく反発します。

曹操が済南国相として猛政（もうせい）を展開し、一度退いたあと典軍校尉に抜擢されたことは、すでに述べたとおりです。そして、そのころ曹操は、国家のために賊を討って功を立て、列侯に封ぜられて征西将軍となることが志であったとするのです。たしかに、滎陽の戦いには、そうした曹操の志を見ることができました。曹操の志に名士が集まり、曹操も志の実現のため、三つの権力基盤を築き上げていきます。

4　三つの基盤

青州兵

袁紹の配下として雌伏の時を過ごしていた曹操に対して、鮑信は袁紹の根拠地となりつつある河北（黄河の北方一帯）ではなく、河南（黄河の南方一帯）を狙うことを勧めます。そこで曹操は、袁紹の許可をうけ、河南へと拠点を求め、黄巾の一派である黒山の賊と戦うために、兗州の東郡へと向かいました。そのころ、青州の黄巾は兗州に侵入し、兗州刺史の劉岱（?～一九二年）を殺害していました。兗州の名士である陳宮（?～一九九年）に迎えられた曹操は、青州黄巾と戦いますが敗退し、鮑信を失います。すでに掲げたように、黄巾から曹操に宛てての降服要求書も残されています。

ところが、やがて曹操は、黄巾と盟約を結び、兵三十万・民百万を帰順させました。賊と結ぶような常識外の行動が、「姦雄」と呼ばれた理由でしょう。黄巾のなかから、精鋭を集めて組織したものが「青州兵」です。こののち青州兵は、軍事的基盤として、曹操の覇権を支えていきます。
呂布は、曹操と戦った際に騎兵で青州兵を攻撃し、曹操軍を破ったことがあります。青州兵が、呂布から見ても、それと分かるような集団を維持していたこと、そして青州兵の敗退が曹操軍の敗北に直結するような、軍事的基盤であったことを理解できます。また、曹丕（卞后の子）が曹魏の皇帝に即位すると、青州兵は引き鐘を鳴らしながら故郷に帰ります。曹丕には仕えないというのです。それでも、曹丕はそれを咎めなかったと言います。これら断片的な記録から考えると、曹操は、青州黄巾に対して、かれらの信仰と集団の維持を容認し、曹操のみに従い、その天下統一に協力させる密約を結んだ、と考えられるのです。

のちのことですが、曹操は、漢中郡（陝西省漢中市）の五斗米道（太平道に似た宗教集団）の首領である張魯（?～二一六年）を降伏させた際に、張魯の娘を子の曹宇（?～二七八年、環夫人の子）に嫁がせています。このときも宗教教団を丸ごと受け入れているのです。曹操は、儒教一尊の後漢末に生きながら、新たな宗教を崇拝する集団と積極的に結びつきます。ここにも曹操の革新性をみることができます。

曹操は青州兵を編成することで、軍事的基盤を確立し、兗州を拠点に河南で勢力を拡大していきました。

献帝擁立

袁紹と対立する袁術（一五五～一九九年、袁紹は異母兄）は、袁紹派の曹操が勢力を拡大したことを憎み、兗州陳留郡の封丘県（河南省封丘県）に陣を布き、袁紹・曹操を公孫瓚（?～一九九年）と挟み撃ちにする形勢をとりました。匡亭の戦いで袁術の武将劉詳を撃破した曹操は、救援に駆けつけた袁術本軍をも破り、封丘に逃げ帰った袁術を追撃します。太寿に立て籠もる袁術軍を水攻めにすると、袁術は揚州九江郡（安徽省定遠県）まで撤退しました。曹操の軍事力の強大化が分かります。

そのころ父の曹嵩は、徐州泰山郡に避難していました。曹操は、泰山太守の応劭（?～二〇四年）に父を兗州まで送り届けることを求めます。しかし、徐州牧（州牧は州の行政長官）の陶謙（一三二～一九四年）が、秘かに派遣した数千騎により曹嵩をはじめ、曹氏一門は、みな殺しにされたのです。陶謙は、袁術派の公孫瓚と結び、袁紹と冀州を争っていました。父の殺害は、袁紹派の曹操への挑発でした。このあたりの史実は、『三国志演義』と大きく異なります。

曹操は激怒しました。文学者としても名を残す曹操は、感受性が豊かで、父の死に冷静な判断などできません。父の復讐のため徐州に侵攻し、民を含めた大虐殺を行います。これは曹操生涯の汚点となりました。もちろん、無辜（むこ）の民の殺害は、名士の失望を招きます。かつて曹操を兗州に迎えた陳宮は、曹操の旧友張邈（ちょうばく）（?～一九五年）と共に、呂布を引き入れ兗州で反乱を起こしました。この曹操最大の危機に、拠点を死守した者が、荀彧・程昱（ていいく）（一四一～二二〇年）という二人の名士と曹操の宗族である夏侯惇（かこうとん）（?～二二〇年）でした。一年余りをかけて、ようやく兗州を回復した曹操に、荀彧が正統性の回復の切り札として提案したこと、それが献帝の擁立（ようりつ）だったのです。

建安（けんあん）元（一九六）年、曹操が献帝を擁立したことは、曹操の政治的正統性を保証することにより、曹操の第二の基盤となりました。曹操は、長安を脱出して洛陽に到達していた献帝を保護し、豫州潁川郡の許県（きょけん）（河南省許昌市）に迎えたのです。潁川郡は、荀彧の故郷でした。献帝擁立に反対する意見もありましたが、曹操は荀彧と程昱の進言を受けて即座に決断したのです。これにより、曹操は軍勢を動かす際の大義名分を得ただけでなく、朝廷の官職を意のままにできるようになりました。

献帝を擁立したといっても、実際の曹操の勢力は、まだ圧倒的ではありません。そのため、袁紹には三公の筆頭である太尉の地位を与えました。しかし、袁紹は弟分であった曹操が、大将軍（だいしょうぐん）という最高位に就き、皇帝の名のもと命を下すことを許せず、これを拒絶しました。すると曹操は、大将軍を返上して袁紹に贈り、司空という三公の最下位に就きます。献帝を擁立しているので、この程度の譲歩は何でもありません。こうして官職をめぐる政治的な権威の分配が、献帝擁立により可能となったのです。

また、献帝の擁立は、徐州大虐殺を機に失いかけた名士への信望を回復しました。献帝を擁立すると、軍師として戦術を担う荀攸（じゅんゆう）（一五七～二一四年、荀彧の甥）、関中（かんちゅう）（長安周辺の渭水盆地）の安定に貢献した鍾繇（しょうよう）（一五一～二三〇年）など優れた名士が、曹操陣営に加わっています。

屯田制

曹操の第三の基盤は、屯田制（とんでんせい）です。これが経済的な基盤となります。屯田自体は、軍の常駐が求められるような辺境地域を中心に、兵士が耕しかつ守るかたちで行われていました。これを軍屯（ぐんとん）と言います。曹操も辺境では、軍屯を行いました。これに対して、曹操が献帝を迎えた許の周辺で始めた屯田は、兵士ではなく一般農民によるものです。これが曹操の屯田制の特徴となる民屯（みんとん）です。

許県のある豫州は、兗州と並び黄巾残党の略奪による荒廃が激しく、加えて曹操・袁術・呂布らの抗争の舞台となったため、農民は逃亡し、無人の地が広がっていました。曹操は、荒廃した土地を再生し、国力を増強する必要に迫られていました。そこで、土地を再整備して一般の農民を呼び戻し、それに農耕の道具や牛馬を貸し、さらに種籾（たねもみ）まで与えて土地に定着させようとしました。これが曹操の民屯です。

漢代にも流民への救済策として、皇帝の所有する公田（こうでん）を貸し出すことはありました。ただし、それは土地を一時的に貸すだけで、流民に経済的な余裕ができると、そこから出て行く制度でした。しかし、曹操の屯田制では、開発した一般農民は、そこで生活を

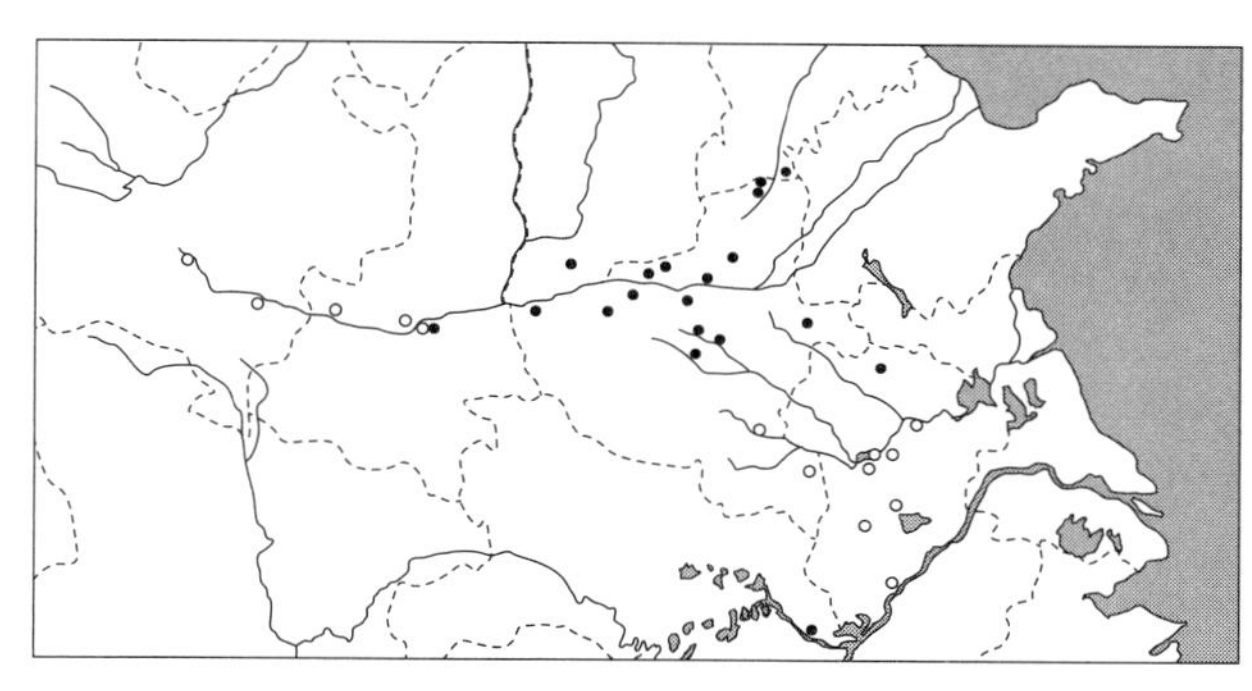
曹操の屯田　黒丸が民屯、白丸が軍屯

継続できます。このため、民屯は大きく広がり、曹操の経済的基盤となったのです。

また、漢代の算賦（人頭税。一人あたり銅銭百二十枚）に代えて、戸ごとに調（布で納める）と呼ばれる税制も始めました。董卓の銅銭改悪により、銅銭への信頼が失われ、経済が混乱していたのです。土地税である田租（収穫物で払う）は継承しました。

屯田制と租調制は、中国の土地・税制上、画期的なものでした。屯田制は、西晋（二六五～三一六年）の占田・課田制を経て、隋（五八一～六一八年）・唐（六一八～九〇七年）の均田制となります。均田制の税制である租庸調制のうち、調は曹操が始めたものなのです。曹操は、四百年先を見据えた国制改革を断行したのです。

軍事的基盤となった青州兵の制度も、のちに兵戸制を生み出します。漢代では各家から等しく兵が徴発されていましたが、曹操は兵を徴発する家（兵戸）を決めて農民の家（民戸）と分け、永代の兵役を負わせる代わりに、税を免除したのです。この制度は、五～六世紀の南北朝時代まで受け継がれていきます。

軍事的基盤である青州兵、政治的基盤である献帝擁立、経済的基盤である屯田制、この三つの基盤により、曹操は荒廃した兗州から、東・西・南の三方へ勢力を拡大していきます。黄河の中・下流域は、古来、「中原」と呼ばれ、中国史上政争の中心となってきました。その地において曹操は、呂布・袁術を滅ぼし、一九九年に董卓残党の張繍（？～二〇七年）を降伏させ、さらに建安五（二〇〇）年、劉備を袁紹のもとに追い払いました。兗州に拠点を得てからおよそ八年、ついに中原南部をほぼ制圧するに至ったのです。一方、建安四（一九九）年に公孫瓚を滅ぼした袁紹は、中原北部を制圧していました。両雄の激突は必至です。

その雌雄を決する戦いが、建安五（二〇〇）年の白馬の戦い、そして官渡の戦いだったのです。

第二章　天下分け目の戦い

1　白馬の戦い

十対一

初平元（一九〇）年に反董卓を旗印に挙兵して以来約十年、曹操はようやく河南の兗州・豫州を基盤に、献帝を擁立して天下に号令する立場を築き上げました。しかし、許を拠点に曹操の支配する河南は、戦乱と飢えで荒廃していました。呂布を滅ぼして手にした徐州では、劉備が反旗を翻し、袁紹との連携を模索しています。また、揚州では孫策（一七五～二〇〇年）が急成長を遂げ、中原を窺っています。荊州を支配する劉表（一四二～二〇八年）も油断できない存在でした。これらに対応する兵を割くと、曹操が袁紹戦に動員できる兵力は、多くはありませんでした。

一方の袁紹は、河北の冀州・幽州・并州・青州を支配し、曹操を上回る勢力を保有していました。河北はさほど戦火も被らず、袁紹の拠点の鄴（河北省臨漳県の南西）がある冀州は、一州だけで「民戸百万家、精兵三十万」を持つと称されていました。また、袁紹は、北方の異民族である鮮卑・烏桓との間に、友好関係を築きました。しかも、支配地域の東側は海、西側は太行山脈です。軍勢の大半を南に向けることができます。

このため『三国志』武帝紀は、袁紹の軍勢を十万の歩兵と騎兵一万、対する曹操の軍勢を一万に満たなかったと記録しています。『三国志』に注をつけた裴松之（三七二～四五一年）は、複数の論拠を挙げながら、陳寿が曹操の功績を強調するために、兵力差を誇張したのではないか、と主張しています。それでも、曹操陣営が疲弊して余力がなく、また敵が多かったのは事実ですので、十対一という兵力差は、実情からあまり外れていないでしょう。

この状況下で、袁紹はひとたび好機を逸しました。曹操は、袁紹の優柔不断を見越したように、建安五（二〇〇）年一月、徐州の劉備を攻めたのです。袁紹が曹操軍の後方を襲う絶好の機会でした。参謀の田豊（？～二〇〇年）が出陣を主張しますが、袁紹は子の病気を理由に出陣しません。結果、徐州は陥落し、劉備は袁紹のもとに落ち延び、劉備の妻子を任されていた関羽は、曹操に降伏しました。それでも、袁紹の優位は揺るぎません。それでは、『孫子』に注をつけた、三国一の兵法家である曹操は、どのように戦ったのでしょうか。

孫子の兵法

中国の兵法書の中で最も著名な『孫子』は、魏武注、すなわち曹操の解釈により、読み継がれてきました。つまり、歴代の兵学者のなかで、曹操の『孫子』解釈が、最も優れていたのです。それは、曹操の注が、飽くなき兵法の研究と自分の戦いの経験に裏打ちされた、説得力のあるものであったことを理由とします。

春秋時代（前七七〇～前四〇三年）の孫武（前五三五？～？年）が原型を著し、子孫の孫臏（前四世紀ごろ）が肉付けした『孫子』は、漢代を通じて異本や解説などが加えられていきました。それを曹操が十三篇に整理したものが、現行の『孫子』です。

十三篇の冒頭となる計篇は、『孫子』の総論にあたります。そこでは、戦争は、国家の存亡に直結する最重要事と位置づけられます。そして、謀攻篇には、戦わずに敵を屈伏させることこそ、最善の方法である、という孫子の戦争観が端的に示されます。止むを得ず戦うときには、最少の被害で、そして何よりも必ず勝たねばなりません。そのため彼我の戦力を分析し、勝利の目算と作戦計画を立てる、これを廟算といいます。孫武の生きた春秋時代、戦争前の御前会議は、王の祖先の御霊を祀る廟堂で行われたためです。廟算を的確に行うには、情報の収集・分析が必要不可欠です。そこで、重視されるものが間諜（スパイ）です。その結果として、「彼を知り己を知れば、百戦殆からず」（謀攻篇）という有名な言葉が生まれるのです。

『孫子』のもう一つ重要な戦争観は、戦争の基本的な性格を詭道（だましあい）と捉えることです。そのため計篇では、どのようにして勝つか、人に予告できないとします。曹操は、それに注をつけて、「戦争に常にこうであるという戦い方が無いことは、水に定まった形が無いのと同じである。敵に対峙して臨機応変に対処する方法は、あらかじめ伝えることはできない」と述べています。実は、曹操自身は、後に述べる「軍令」により戦う方法を部下に伝えています。それでも、戦争がだましあいで、臨機応変な戦術が重要であることは基本となります。

曹操の『孫子』解釈が、それ以外の注よりも説得力を持つのは、曹操が実際に戦った際の臨機応変の経験を踏まえて書かれているためです。たとえば『孫子』は、攻撃側の被害が大きくなる城攻めをなるべく避けるべきであるとします。

> 用兵の法は、（敵の）十（倍）であれば（城攻めなどで）敵を包囲し、五（倍）であれば敵を攻撃し、二倍であれば敵を分断し、同数であれば敵と戦うことができ、（敵より）少なければ敵より逃れ、それでなければ敵を避ける。
>
> 『孫子』謀攻篇

曹操はこれに注をつけて、「十倍という兵力差で敵を包囲するという原則は、敵味方の将軍の智能や勇猛さが同等で、将兵の士気・兵器の技術・武器の性能などがほぼ互角の場合である。それらが優勢なときには、十倍もの兵力差は不要である。わたしはたった二倍の兵力で下邳城（かひじょう）を包囲し、呂布（りょふ）を生け捕りにした」と書いています。

曹操だけではなく、その敵も『孫子』を読んでいるはずなのに、曹操の計略に敗れるのは、曹操の『孫子』解釈の独自性を理由とします。ふつう注は、本文の内容を詳しく説明するものです。しかし、ここでの曹操の注は、十倍の兵力差でなければ城攻めなどの包囲はできないとする本文に対して、十倍も不要であると本文の内容を否定していきます。曹操の敵は、この注がついた『孫子』を見ることはできません。本文どおりに十倍以上でなければ、城攻めをしないでしょう。ところが、曹操、およびその将は、攻めるのです。

曹操は、後世の学者たちのように、学問として『孫子』に注をつけたわけではありません。多くの兵書の研究は、実際の戦いに生かすために行われました。曹操は『孫子』注の序文に、「自分はこれまで数多くの兵書を博覧してきたが、孫武の『孫子』が最も優れている」と記しています。だから、注をつけて『孫子』の兵法を明らかにしたのです。そして、「『孫子』の兵法の極意は、緻密(ちみつ)な計算の後に、慎重に軍を起こし、錯綜(さくそう)した状況を明察・深謀(しんぼう)するところにある。あやふやな知識で軍事を語るべきではないので、これまでの注を退けて自分が注を作る」と執筆動機を述べています。この言葉どおり、曹操の『孫子』注は、最善の解釈として、こののち『孫子』を読む者が必ず参照する注となりました。それほどまでの兵学者としての力を曹操は持っているのです。

しかも曹操は、自らの兵学研究の結果を軍の幹部に持たせ、統一的な作戦行動を取らせました。それが『兵書接要』です。『三国志演義』では『孟徳新書』と呼ばれるものです。『兵書接要』は、曹操が諸家の兵法書からの抜き書きに解説を加えたもので、諸将はこれを参照しながら、作戦に従事したと言います。

また、曹操は、重要な任務を任せる際に、自ら策を授け、指示内容を「軍令」として書き与えていました。のちのことですが、曹丕は、烏桓討伐に出征する同母弟の曹彰（一九〇～二二三年）に注意を与え、「指揮官が軍令を遵守することは、征南将軍（曹仁）のようでなければならぬ」と言っています。曹仁（一六八～二二三年）は、曹操の軍令を常に手元におき、いちいち確認したので、失敗することがなかったというのです。曹操軍が、曹操無しでも強力であった理由は、それぞれの将軍が『兵書接要』を持ち歩いて学び、さらには曹操の軍令に忠実に従った結果なのです。

兵力差がある戦争において、『孫子』は運動戦を常道とします。運動戦とは、陽動などを用いて、常に戦局を動かしながら、局地的に兵力差の解消される局面を作り出す作戦です。官渡の戦いの前哨戦となった白馬の戦いは、運動戦の典型でした。

運動戦

袁紹が本拠地の鄴を精兵十数万を率いて出発したという知らせを受けた曹操は、建安四（一九九）年八月、黄河の北の黎陽（河南省浚県の北東）に軍を進めて先制攻撃をしかけます。また、臧霸たちを青州に派遣して東方を牽制し、于禁を渡河させ黄河を守備させました。さらに、一軍を割いて官渡（河南省中牟県の北東）の守備に当たらせ、袁紹に備えます。

十一月、張繡が降服して後方の心配がなくなると、十二月、曹操は自ら官渡に軍を進め、決戦に向かいました。袁紹の渡河を防ぐためです。

黄河は日本の川と違って、簡単に渡れる川ではありません。したがって、どのタイミングで渡河するのかが、重要なポイントとなります。渡河中に背後から攻められると、全滅の可能性もあります。袁紹は、まず猛将の顔良（?～二〇〇年）に黄河を渡らせ、

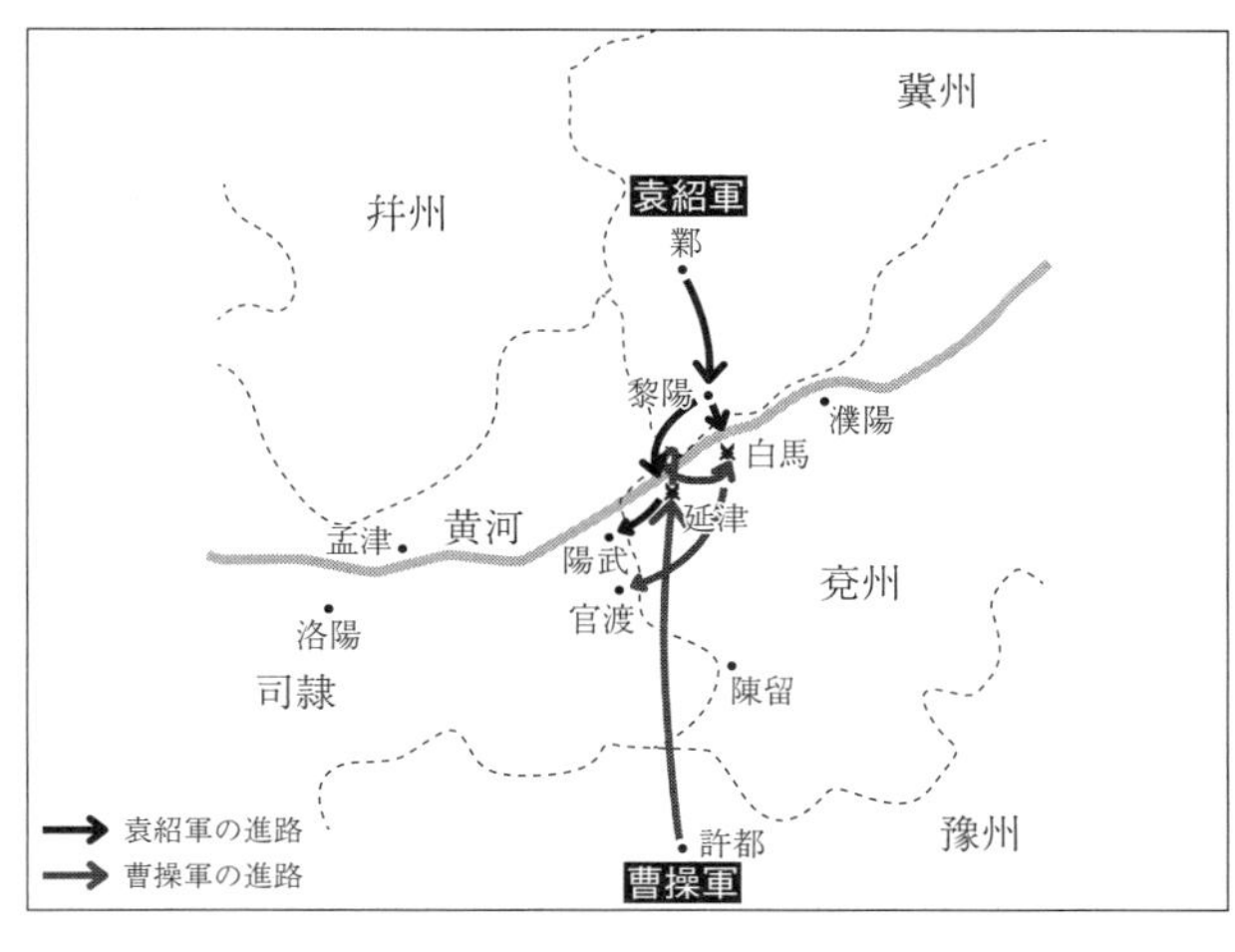

白馬の戦い

白馬城（河南省滑県の東）を包囲します。白馬では、曹操側の劉延（生没年不詳）が守備についていました。曹操は荀攸の策を容れて、運動戦を開始します。荀攸は、まず延津（河南省延津県）まで進み、そこから黄河を渡って袁紹軍本陣の背後を突く姿勢を見せれば、敵はそれを阻止するため、渡河前の軍勢を西に向ける。そうして敵の大軍を分裂させた後で、白馬の救援に急行して数的不利のない局面をつくり出せばよい、と作戦を提示しました。戦況は荀攸の見立てのままに推移します。大規模合戦の場合、スパイが双方に入り込んでいますから、互いの軍の動きは筒抜けなのです。

延津の曹操のもとには、渡河前の袁紹軍が西に向かったとの情報が入ります。これを受け、曹操軍は白馬を包囲する顔良の軍勢を急襲したのです。一方、白馬の顔良は、曹操軍が延津で黄河を渡るとの情報を得ていましたから、迫り来る曹操軍を見て驚愕し、このとき曹操に降ったばかりの関羽によって討ち取られました。

『三国志演義』では名のある武将同士の一騎打ちが頻繁に描かれますが、そもそも名のある将軍同士が戦場でまみえ、直接刃を交えることは非常に珍しいケースです。『三国志』では、わずかに数例しか見られません。この場面はその一つです。

こうして白馬の包囲は解かれました。出鼻をくじかれた袁紹軍は、大軍の勢いにより黄河を渡り、その先鋒部隊は延津の南に到達します。ここで曹操は、輜重（軍事物資）を餌に、袁紹軍の文醜（？〜二〇〇年）が率いる五、六千の騎兵を油断させます。そして、六百に満たない騎兵で急襲して、文醜を討ち取りました。

こうして白馬と延津の局地戦では、曹操軍が積極的な用兵で運動戦を展開し、数的不利にも拘らず、見事な勝利を収めたのです。

2 官渡の戦い

陣地戦

緒戦の白馬の戦いでは、曹操の運動戦が嵌まり、袁紹軍を代表する顔良と文醜という二将が戦死しました。しかし、袁紹軍の本隊が壊滅したわけではありません。袁紹の大軍は、その間に陽武県（河南省原陽の南東）に進軍していました。曹操は大軍に押され、官渡に籠もる陣地戦を選択するしかありません。官渡が落ちれば、曹操の本拠である許は間近です。こうして官渡の戦いが始まります。この戦いは陣地戦の典型でした。

攻め寄せる袁紹軍は、官渡を取り囲んで包囲体制を構築すると、冀州の強弩部隊（弩はボーガン）を投入します。そのために袁紹軍は、土山の上に櫓を築き、その上から大量の矢の雨を降らせたのです。『三国志』武帝紀には、「矢は雨のように降り注いだ」という記述があります。これに対抗して、曹操軍は投石機を投入し、袁紹軍の櫓を破壊しました。その破壊力はすさまじく、投石により轟音が発生するため、袁紹軍は投石機を

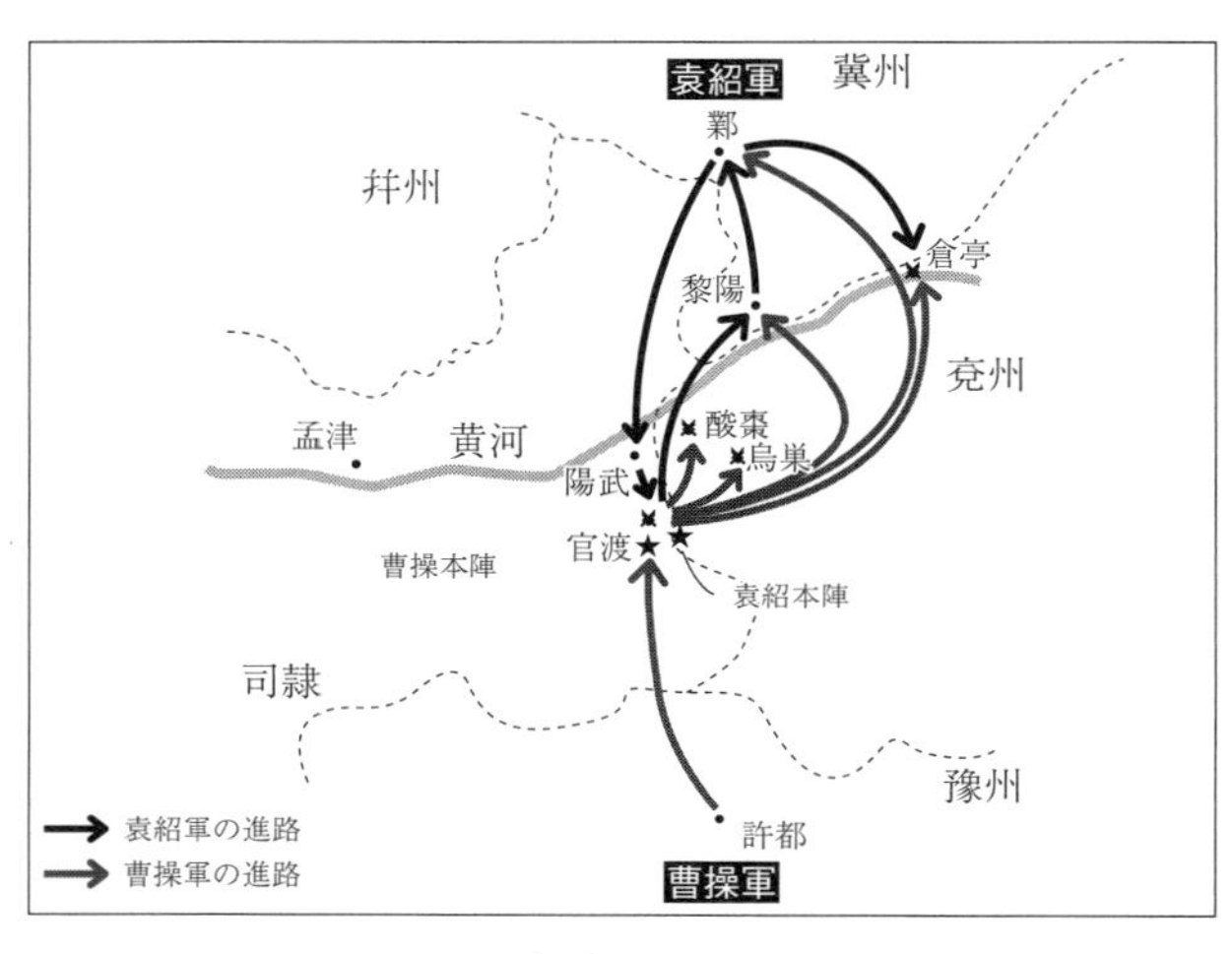

官渡の戦い

「霹靂車（へきれきしゃ）」と呼んで恐れました。

袁紹軍は続いて、公孫瓚（こうそんさん）の根拠地を落とした「地突（ちとつ）」攻撃を行います。いわゆる地下道戦術で、地下から城内に侵入し、設備の破壊や攪乱（かくらん）を目指すものです。

かつて、公孫瓚は易京城（えきけいじょう）（河北省雄県の北西）という巨大な城を設け、そこに十年分の食糧を蓄え長期の籠城体制を整えていました。しかし、この「地突」によって、城内の楼閣を次々に破壊され、公孫瓚は追い込まれて自害したのです。

官渡でも袁紹は同じ戦術を採用し、地下から潜行して城内の攪乱を試みます。しかし、曹操も城内から塹壕（ざんごう）を掘り、待ちかまえて対抗したため、効果はあまり上がりませんでした。

　両勢力が陣地戦の典型的な戦術を繰り広げ、戦闘は長引きます。そうなると兵数に勝り、曹操軍を官渡に閉じ込めた袁紹有利の見方が広まり、多くの者が謀反して、袁紹に寝返ろうとしていました。一方で、袁紹側は、その兵力ゆえに、大量の物資を消費します。兵力が十倍なら、消費量も十倍なのです。そこで、自領から官渡までの物資の輸送体制を整えようとしたのですが、曹操はそれを予期して奇襲部隊を設け、袁紹の輸送隊を撃破して、物資を焼き払いました。これを嫌った袁紹は、烏巣（河南省延津県の西）に食糧基地を設け、輸送の中継地点としました。曹操は、この情報を手に入れます。情報をもたらしたものは、かつて曹操と共に何顒グループに属し、そののち袁紹の参謀となっていた許攸でした。袁紹に献策を無視され、不満を募らせていたといいます。

　旧友からの情報を奇貨とした曹操は、みずから軍を率いて烏巣を襲撃し、兵糧を焼き払いました。それを見て、曹操のいない官渡を攻撃するはずであった張郃（?〜二三一年）、高覧（生没年不詳）が、曹操に降伏したのです。『三国志』張郃伝によれば、張郃は作戦をめぐり、参謀の郭図と対立していました。

圧倒的な有利にあった袁紹軍は崩壊し、袁紹は黄河を渡って鄴に撤退します。

荀彧の分析力

曹操は、こうして勝利を収めましたが、敗れてもおかしくない、まさに天下分け目の戦いでした。曹操の勝因は、許攸の裏切りにより、決定的な情報を入手したことに求められます。ただし、それを活かせたのは、許を守っていた荀彧（じゅんいく）による、戦前からの正確な情報分析があったからです。荀彧は、名士間の情報ネットワークに加え、弟の荀諶（じゅんしん）（生没年不詳）が袁紹に仕えていたことで、袁紹陣営の内情を把握できていました。袁紹との対決が現実的になった建安三（一九八）年、荀彧は孔子の子孫で代表的名士の孔融（こうゆう）（一五三〜二〇八年）と、両軍を比較した分析を行います。荀彧は、「許攸は、貪欲で身持ちが定まらない」「顔良と文醜は、武勇のみの人物で、一度の戦いで生け捕れる」など予言のように正確な見解を示しています。

さらに、官渡に籠城中の曹操から撤退の相談を受けた荀彧は、許から次のような手紙を送り、曹操を励ましました。

袁紹は、外は寛容に見せながらも内心は猜疑心が強く、人を任命しながらもその心を疑っております。曹公は聡明でこだわりがなく、唯才能によって適材適所に（人を）用いられます〔①度量〕。……袁紹は優柔不断で、機会を逸しますが、曹公は大事を決断し、変化に応じて形を変えられます〔②謀略〕。……袁紹は軍を統御することが寛やかで、法令は立たず、士卒は多いといっても、その実は使いこなせないでおります。曹公は法令が明白であり、賞罰が必ず行われるので、士卒は少ないといっても、みな争って生命を投げ出します〔③武略〕。……袁紹は代々の家柄に拠り、何もせず智を飾り、名声を収めておりますので、議論を好む士人が、多く従っています。曹公は至仁により人を待遇し、……功績を挙げたものに、惜しむことがありません〔④徳行〕。

『三国志』荀彧伝、〔　〕内は渡邉の補

歴史は勝者の記録です。したがって、荀彧の分析によれば、袁紹は、①唯才主義の人事を行わず、②決断力に欠け、③法術主義を採らず、④議論ばかり好む能無しを集めたことになり、官渡で敗退したことも必然に思えます。この荀彧の分析が正確だったことは、『三国志』の随所から裏付けることができます。袁紹が田豊・沮授ら参謀の建言を有効に利用できず、判断に迷って状況を悪化させるという事例です。しかし、魏の土台を構築した曹操は、実際よりも肯定的に記されるでしょうし、その最大のライバルであった袁紹は、より否定的に記されたと考えるべきです。

敗者の側から歴史を見れば、平時であれば称えられたはずの、袁紹の安定性、悪く言えば凡庸さが見えてきます。袁紹は、①名士の意向を尊重する人事を行い、②名士の意見を広く聞き、③儒教に従い、④名士の名声を尊重したのです。平時であれば立派な君主と言えましょう。その証拠に、袁紹の支配は安定し、曹操も当初、袁紹の弟分として自己の勢力を拡大していきました。官渡の戦の後に、曹操の部下からの袁紹への降服文書が多数発見されたように、曹操陣営のなかでも、袁紹の勝利を予想する者は少なくなかったのです。

天命の行方

袁紹は、「四世三公」と称えられた「汝南の袁氏」の出身です。しかも、嫡子の袁術が、家柄を笠に着て奢り高ぶったことに対して、庶子（めかけの子）の袁紹は、よく人に遜り、その意見を尊重したので、多くの名士を配下に集めました。荀彧も郭嘉も、初めは袁紹に従っていました。

戦略にも誤りはありません。袁紹は、黄河より南にある汝南郡を故郷としますが、あえて河北を拠点としました。これは後漢を建国した光武帝劉秀（在位、二五～五七年）の戦略を踏襲したものです。「幽州突騎」と呼ばれる烏桓族の騎兵を備える幽州、「冀州強弩」と呼ばれる騎兵に対抗できる弩兵（弓より大型な弩を主力兵器とする歩兵）を主力とする冀州のほか、并州にも多くの異民族が居住する河北は、強力な兵馬を整えられる軍事拠点でした。また、黄巾の乱の被害も少なく、十分な兵糧を供給できる経済力も持っていました。最も異民族が多い涼州を背後に持つ軍事拠点の長安が、すでに董卓に占領されていた以上、冀州を足掛かりに河北を基盤とし、天下を統一するという袁紹の戦略は、まさしく王道でした。ただし、それは誰もが考えつく凡庸な策でもありました。

荀彧と同じく袁紹から曹操に仕え直した郭嘉は、曹操と比較しながら袁紹を批判するなかで、後漢末の政治が「寛」に過ぎて行き詰まったにも拘らず、袁紹は寛治による支配を繰り返して失敗している、と分析しています。

儒教を国家の支配理念としていない前漢武帝期に行われた法治は、官僚が法律を厳しく適用して豪族を弾圧する支配ですが、豪族の抵抗を受け、やがて行き詰まり、王莽による前漢の簒奪の一因となりました。そこで後漢「儒教国家」を確立した章帝（在位、七五〜八八年）は、寛治を推進します。

寛治は、郷里社会で大土地所有を行うことで大きな勢力を持っている豪族を弾圧せずに利用する支配です。後漢では、人口三十万人程度の郡を支配する郡太守に、一年に一名ずつ、キャリア官僚のスタートラインである郎に就く者を察挙（推薦）させる郷挙里選を行っていました。郷挙里選では、儒教の徳目である「孝」「廉」といった名声を持つ者を察挙します。

たとえば、国家の課税の一部を豪族が負担することは、自らの財産を与える「廉」の体現になります。郡守は、税を負担した豪族を郷挙里選で察挙することで、そうした方向へ豪族を誘導するとともに、課税を漏れなく集め、民を労ります。あるいは、郡府（郡の役所）の属吏（地方採用の役人）は、大部分が豪族の出身でした。そこで、郡太守は、属吏をなるべく罰せず、豪族の意向に沿った政治に努めました。

このような寛治は、豪族に歓迎され、儒教を深く浸透させることに力がありました。しかし、外戚・宦官が一族や関係者で郷挙里選を独占していくと、寛治は機能しなくなり、法を厳格に適用しない寛やかさは、賄賂の横行を招きました。後漢末の党錮の禁は、その弊害を除こうとした知識人が宦官に弾圧された事件でした。曹操の理想とした橋玄は、寛治に代わるものとして「猛政」を推進し、曹操もそれを継承していました。

袁紹の支配は、崩壊した後漢の寛治を工夫無く継続したものでした。人に遜り、献策をよく聞く態度も、寛治の延長線上にあります。しかし、戦乱の世において、人の意見をすべて受け入れることは、優柔不断の誹りを受けかねません。しかも、袁紹に仕えた名士は、河北と河南に出身地が二分されます。袁紹がすでに領有する河北出身の名士は、決戦を避けて安定的な統治を優先すべきとし、河南出身の名士は、河南を支配する曹操との決戦を多く主張しました。両者の意見を共に聞けば、身動きがとれません。名士を配下に置かなければ支配は安定しません。しかし、名士の意見に一方的に従い、決断を下さなかった袁紹は、君主権力を確立できなかったのです。最大の勢力を誇った袁紹の敗退は、名士の主張のみに従った場合には君主権力が確立せず、軍事的に敗退することを示すのです。

袁紹や劉表のように名士を優遇した政権では、支配は安定しますが君主権力は確立せずに軍事力の弱体化を招きます。一方、公孫瓚や呂布のように名士を優遇しなければ、軍事力が強大であっても領域の支配は安定せず、政権は弱体化するのです。それでも、袁紹は公孫瓚を破りました。前者の方が時代の流れには棹さしていたのです。

しかし、袁紹は敗退しました。時代が袁紹を必要としなかったのです。求められていたのは、四百年に及ぶ漢の支配で作られた巨大な価値観が、董卓によって破壊された後、新しい時代の価値観を創りあげる者でした。三国の諸政権を樹立した君主たちは、名士とせめぎあいながら君主権力の確立と地域支配の安定を両立することを目指していきます。それは、後漢「儒教国家」の支配方法をそのまま継承していた袁紹には不可能なことだったのです。

3　華北統一

郭嘉の離間策

官渡での敗戦により袁紹の威名は衰え、河北では袁紹に対する反乱が相次ぎました。袁紹は、その平定に奔走し、ほぼ鎮圧した建安七（二〇二）年に病死します。袁紹には三人の子がおり、袁紹自身は末子の袁尚（?～二〇七年）を後継者にしようと考えていました。しかし、反乱平定に忙殺され、後嗣ぎを定める暇もなく死去したため、長子の袁譚（?～二〇五年）と末子の袁尚による後継者争いが起きます。それは、曹操を利するだけでした。袁譚・袁尚は連敗し、袁氏の南方進出の拠点である黎陽を落とされます。しかし、曹操は、それ以上は攻めず、いったん南の荊州攻撃に向かうのです。

その理由は郭嘉の離間策にあります。郭嘉は、「袁紹は袁譚・袁尚を可愛がっていましたが、後継ぎを定めておりません。また郭図と逢紀が、それぞれの謀臣となっております。両者で争いが起これば、必ずや離ればなれになるでしょう。急に攻めれば助け合います。緩(ゆる)めれば争いの心を起こすでしょう。南方の荊州に向かい、劉表の征伐をするふりをして、変化を待った方がよいでしょう。そののちに攻撃すれば、一挙に平定することができます」と進言し、曹操はそれを採用したのです。しばらくすると、郭嘉の予想どおり、袁譚と袁尚は、冀州の支配を奪い合いました。袁尚に敗れ、行き場を無くした袁譚は曹操に降伏します。

袁尚が平原郡(へいげん)(山東省平原県の南)で袁譚と戦っている間に、曹操は袁尚の拠点である鄴(ぎょう)を一気に攻撃していました。慌てた袁尚は、援軍を率いて曹操に立ち向かいます。袁尚を撃破した曹操は、逃走した袁尚の衣類を鄴に立て籠もる審配(しんぱい)たちに見せ、鄴を陥落させます。冀州の中心であった鄴は、こののち拡充され、やがて魏王(ぎおう)に封建される曹操の都となっていくのです。

苦寒行

さらに、曹操は建安十一(二〇六)年正月、鄴より北上して太行山(たいこうさん)を上り、壺関(こかん)を攻めて袁紹の外甥である高幹（こうかん）（?～二〇六年）を討ちます。その際の労苦を歌ったものが「苦寒行（くかんこう）」です。

苦寒行

北上太行山
艱哉何巍巍
羊腸坂詰屈
車輪為之摧
樹木何蕭瑟
北風声正悲
熊羆対我蹲
虎豹夾路啼
渓谷少人民
雪落何霏霏

魏武帝

北のかた太行山（たいこうさん）に上れば
艱（けわ）しき哉（かな）　何（なん）ぞ巍巍（ぎぎ）たる
羊腸（ようちょう）として坂は詰（お）れ屈（まが）り
車輪も之（これ）が為（ため）に摧（くだ）かれんとす
樹木は何ぞ蕭瑟（しょうしつ）たる
北風の声は正（まさ）に悲し
熊羆（ゆうひ）は我に対（むか）いて蹲（うずくま）り
虎豹（こひょう）は路を夾（はさ）みて啼（な）けり
渓谷　人民少く
雪　落ちること何ぞ霏霏（ひひ）たる

延頸長歎息
遠行多所懐
我心何怫鬱
思欲一東帰
水深橋梁絶
中路正徘徊
迷惑失故路
薄暮無宿棲
行行日已遠
人馬同時飢
担嚢行取薪
斧氷持作糜
悲彼東山詩
悠悠使我哀

頸(くび)を延(の)べ長く歎息す
遠き行(たび)は懐(おも)う所多し
我が心　何(なん)ぞ怫鬱(ふつゆう)たる
一(ひと)えに東に帰らんと思い欲(ねが)う
水は深く橋梁(きょうりょう)は絶(た)え
中路にて正(まさ)に徘徊せり
迷(まど)い惑ひて故(もと)の路を失い
薄暮(はくぼ)に宿り棲(す)むこと無し
行き行きて日に已(すで)に遠く
人と馬と同時に飢(う)えぬ
嚢(ふくろ)を担(にな)い行きて薪(まき)を取り
氷を斧(さ)き持て糜(かゆ)を作れり
悲しきは彼(か)の東山(とうざん)の詩
悠悠(ゆうゆう)として我を哀(かなし)ましむ

太行山脈（写真提供：新華社／共同通信イメージズ）

『楽府詩集』巻三十三　相和歌辞　二

漢詩は、起承転結という構成を持ちますので、最後の「結」の部分に曹操の志は表現されていません。そこに挙げられている「東山の詩」とは、儒教経典の『詩経』豳風東山という詩です。『詩経』の「東山の詩」は、周公（前十一世紀ごろ）が殷の味方をする管叔・武庚を東征して帰ったのち、従軍した将士の労をねぎらった詩です。兄の武王（在位、前一〇四六？～前一〇四三年）を助けて周の建国に力があった周公旦（周公）は、孔子が理想とした聖人でした。曹操は、『詩経』の「東山」の詩を踏まえることにより、自らを周公に準えるとともに、出征の労苦を歌いあげたのです。しかも、それは、太行山と壺関との間の「羊腸」坂という具体的な地名を掲げるように、一般的な軍人の労苦を歌ったものではありません。「悲しい」北風が吹きすさぶなか、熊や虎ばかりの人跡途絶えた道を雪を圧して進み、橋はなく道に迷った高幹との戦いを踏まえたものなのでした。

曹操が創作した楽府は、宴会で音楽を伴って歌われるものです。その具体的な表現に、将も兵も自分たちの労苦を思い出し、曹操のもと勝利をおさめた喜びを共有できたでしょう。注意すべきは、楽府の詩句の中に、戦いの大義名分や正統化、あるいは曹操の三軍を叱咤する姿が読まれないことです。歌われることは、あくまでも従軍する兵士の悲しみです。それが、『詩経』を踏まえることで、周公に準え得る曹操の正統性を表現する歌に位置づけられていきます。曹操の歌は、自らの正統性を奏でる頌歌（オード）なのでした。

こうした曹操の正統性を言祝ぐための具体的な表現は、さらに苦しかった烏桓への遠征を詠った「歩出夏門行」にも見ることができます。その中から、二章だけ取りあげましょう。

観滄海（滄海を観る）

東臨碣石　以観滄海　　東のかた碣石に臨みて　以て滄海を観る
水何澹澹　山島竦峙　　水 何ぞ澹澹たる　山島は竦え峙つ
樹木叢生　百草豊茂　　樹木は叢生し　百草は豊かに茂り

秋風蕭瑟　洪波湧起
日月之行　若出其中
星漢粲爛　若出其裏
幸甚至哉　歌以詠志

秋風は蕭瑟と　洪波は湧き起こる
日月 之れ行くこと　其の中より出ずるが若く
星漢の粲爛　其の裏より出ずるが若し
幸い甚しくして至れる哉　歌いて以て 志を詠わん

『楽府詩集』巻三十七 相和歌辞 十二

内陸生まれの曹操は、この遠征で初めて海を見ました。その感激を「観滄海」は詠います。しかも、古来より碣石山（河北省昌黎県の北）は、帝王の巡狩（諸国の政治視察）が繰り返された場所です。秦の始皇帝（在位、前二四七〜前二一〇年）は、第四回巡狩において渤海に至る途上、碣石に至り、「碣石門刻石」を作っています。また、前漢の武帝は、泰山における封禅（高い功績をあげた君主にのみ許される天地の祀り）の後、方士（神仙術や占卜による予言を行う術師）の進言に従って「蓬萊（仙人の住む山）の諸神」に遭うため、「碣石」に足を延ばしています。秦漢を代表する両皇帝を意識しながら、曹操は「碣石」の景色を歌い、「日月（太陽と月）」の運行も、「星漢（天の川）」の輝きも海から現れると表現します。

遼東郡(りょうとうぐん)（遼寧省遼陽市）への遠征は、秋から冬にかけての寒さと旱(ひでり)のため、二百里（約八七km）にわたって水はなく、軍糧は欠乏して馬数千頭を殺して食糧とし、地を三十余丈(じょう)（三十丈は約六九m）も掘ってようやく水を手に入れたと伝えられます。そうした苦しい遠征のなか、ようやく碣石山に至って海を見て、古の帝王を思いながら、自らの志を表出した詩句なのです。最後の二句は、「観滄海」だけではなく、このあとの歌詞でも繰り返されます。リフレインにより、歌が志を詠ずるものであることを強調しているのです。ちなみに、毛沢東は「浪淘沙(ろうとうさ)・北戴河(ほくたいが)」という詩の中で、「魏武（曹操）は鞭(むち)を揮(ふる)ひ、東のかた碣石に臨みて遺篇(いへん)有り」と、この楽府に触れています。

「歩出夏門行(ほしゅつかもんこう)」はさらに続きますが、最後の有名な章を掲げましょう。

亀雖寿（亀は寿(いのちなが)しと雖(いえど)も）

神亀雖寿　猶有竟時　神亀(じんき)は寿(いのちなが)しと雖も　猶(な)お竟(おわ)る時有り

騰蛇乗霧　終為土灰　騰蛇(とうだ)は霧(きり)に乗るも　終(つい)に土灰(どかい)と為る

驥老伏櫪　志在千里
烈士暮年　壮心不已
盈縮之期　不但在天
養怡之福　可得永年
幸甚至哉　歌以詠志

驥　老いて　櫪に伏すも　志　は千里に在り
烈士は暮年　壮心　已まず
盈縮の期は　但だ天に在るのみならず
怡の福を養わば　永年を得る可し
幸い甚しく至れる哉　歌いて以て志を詠わん

『楽府詩集』巻三十七　相和歌辞　十二

「亀雖寿」は、前半において運命論を提示して、生あるものには必ず終わりが来るとの諦観を述べます。後半においてこの運命を乗り越えるものとして意志の力を提示し、それにより「永年」をも摑み得る可能性を宣言するのです。「驥　老ひて　櫪に伏すも（「老驥　櫪に伏すも」と伝える本もある。その方が有名）、志は千里に在り」「烈士は年を暮るるも、壮心　已まず」の二句が、曹操の作品のなかでも、ことに有名な句であるのは、曹操の生涯に運命を超える意志の力を感じる後世の者が多かった証拠でしょう。

このように「歩出夏門行」には、「亀雖寿」のように、運命論とそれを超える人間の意志の力を詠み込む部分もありますが、全体に描かれる詩題は、烏桓遠征の労苦です。その苦しい遠征を楽府に歌うことにより曹操は、事実上滅亡している漢に代わって、自分こそが新しい時代を切り開いた英雄であることを高らかに宣言したのです。

惜しいかな奉孝

さて、曹操が志を表出した詩の検討から、史実に話を戻しましょう。曹操に鄴を追われた袁尚は、袁譚に攻撃され、幽州牧であった次兄の袁熙（?～二〇七年）を頼りました。一方、曹操は、約束違反を言い立てて袁譚を殺すと、袁熙と袁尚を遼西郡（遼寧省義県）の烏桓のもとへ追いつめます。そして、建安十一（二〇六）年、曹操は烏桓征伐を兼ねて、袁熙・袁尚の討伐へ向かいます。部下の多くは、劉表が劉備を使って、留守中の許を襲撃するのでは、と心配しました。事実、劉備は襲撃を提案しています。

しかし、郭嘉は、「劉表は劉備を統御するだけの才能がないので、劉備を重く用いることはできません」と、襲撃の可能性を否定します。さらに、「軍は迅速を尊びます。輜重を留め置き、軽装の兵により倍の速度で進軍して烏桓の不意をつくとよいでしょう」と討伐の具体策を立てました。曹操は、これに従います。

「歩出夏門行」にも歌われるように、行軍は困難をきわめましたが、曹操は烏桓を破り、袁尚とその兄である袁熙を遼東郡に追い払いました。曹操への接近を考えていた公孫康に二人は殺され、袁氏の勢力はこうして一掃されたのです。

ただ、郭嘉に捷報（勝利の知らせ）は伝わりませんでした。曹操が帰還する前に、郭嘉は病によりこの世を去っていたのです。三十八歳という早すぎる死です。曹操は深く哀しみ、軍師の荀攸たちに、「諸君たちは皆、わたしと同年輩だ。ただ奉孝（郭嘉）だけが若かった。天下の事がすめば、後事をかれに託そうと思っていたのに、若死にした。運命であろうか」と、その死を惜しみました。のちに赤壁で敗れた際、曹操が嘆いたものは、郭嘉の死でした。「郭奉孝が生きていれば、わたしをこんな目にはあわせなかったであろうに」。郭嘉の策略があれば、赤壁の敗戦を免れたはずだ、というのです。「哀しいかな奉孝、痛ましいかな奉孝、惜しいかな奉孝」。曹操は、郭嘉の早すぎる死を悼むことを止めなかったといいます。

冀州牧となった曹操は、袁紹の地盤であった河北四州を新たに支配します。郭嘉の献策に基づき、河北四州の名士を重く用いることにした曹操には、多くの名士が臣従します。なかでも、崔琰（一六三～二一六年）は、河北を代表する名士として別駕従事（州の属吏の筆頭）に任命されると、兵力や生産力ばかりに関心を示す曹操をたしなめ、民の生活を安んじる支配を求めて、自らもそれに協力しました。のち、崔琰は、河北名士の中核となり、やがて曹操の丞相府で人事を任されるに至ります。また、降伏した烏桓は、軍に編入され「天下の名騎」と恐れられました。こうして河北の平定により、曹操は、軍事・経済的な力量を増大させたのです。

4 赤壁前夜

丞相

河北を平定した曹操は、後漢の政府機構を大きく改造します。これまで後漢の最高官であった太尉・司徒・司空の三公を廃止して、丞相という行政の最高官職を復活させ、自ら就任したのです。丞相は、前漢の高祖劉邦を輔佐して功績第一とされた蕭何（？～

前一九三年）が就いた官職です。曹操は丞相となることで、蕭何の後継者としての殊礼（臣下の地位の高さを示す特別な儀礼）を受け、自らの権威を万全のものとしたのです。

建安十三（二〇八）年七月、曹操は南下して荊州の平定に向かいます。荊州牧の劉表が危篤との情報を得たのでしょう。劉表には二人の子がいましたが、荊州名士を代表する蔡瑁（生没年不詳）との関わりの深い次男劉琮（生没年不詳）が、有力な後継者候補でした。これに不満な長子劉琦（？～二〇九年）は、客将として身を寄せていた劉備に接近します。こうした状況のなか、劉表が死去したのです。曹操と孝廉の同年（同期）であった蔡瑁は、劉琮を後継者に据え、多くの荊州名士を率いて、曹操に降伏します。一方、劉琦とそれを助ける客将の劉備は、襄陽郡（湖北省襄陽市の南）から撤退し、荊州は予定通り、曹操の支配下に組みこまれました。

曹操は、名士の韓嵩（生没年不詳）に、荊州の名士たちの人物評価を行わせ、それを参考にして荊州人士を政権に登用します。九品中正制度（魏晋南北朝時代の官僚登用制度。魏の陳羣が献策する）の源流となるこの制度により、荊州名士は、すんなりと曹操集団に吸収されました。孫権に仕える名士は、これを我が身に当てはめ、曹操への降伏を模索します。こうしたなか、曹操は降伏状を孫権に送りつけます。この段階で、中国の統一は目前に迫っていた。ところが、曹操の前に意外な男が立ちはだかります。劉備が三顧の礼で迎えていた諸葛亮です。

三顧の礼

劉備は、中山靖王劉勝（前漢武帝の異母兄、?～前一一三年）の末裔と称していましたが、筵を織り草鞋を売って暮らしていた社会の下層部出身でした。それでも、情義で結びついた関羽と張飛、そして趙雲を率いて、傭兵隊長として群雄の間を渡り歩き台頭していきます。その間、徐州を支配したこともありますが、集団に名士が止まらず、統治が安定しませんでした。劉備は、兄と慕った公孫瓚のように、名士を受け入れなかったわけではありません。むしろ、孔融を助けるため軍を動かしたように、名士を尊重しました。事実、徐州では陳登（生没年不詳）、豫州では陳羣という著名な名士を迎えています。それでも名士が集団に止まらなかったのは、名士が本籍地を捨ててまで随従する魅力や将来性が、劉備とその集団に欠けていたためでしょう。また、劉備も陳羣の献策に従いませんでした。関羽・張飛を差し置いてまで、名士の進言に従える集団でもなかったのです。もちろん、劉備の軍隊指揮能力は、曹操に「今の世の英雄は、君と私だけだ」と言わせるだけのものがありました。『三国志演義』では天才軍師とされる諸葛亮は、劉備の生前中に、入蜀の救援時以外には軍隊を率いたことがありません。諸葛亮は、劉備の軍事能力の高さを信頼し、後方で補給を担当していたのです。

劉備が客将となっていた劉表治下の荊州は、襄陽郡の名士蔡瑁らに支えられて安定しており、平和を求めて多くの名士が荊州に集まっていました。また、徐州から移り住んだ諸葛亮は、蔡瑁の姪を妻とするなど、襄陽郡の名士と婚姻関係を結んでいました。さらに、司馬徽（?～二〇八年）から荊州学（実践を尊重する儒教の新学派）を修めることで、襄陽の名士集団の中で、「鳳雛（おおとりのひな）」と称された龐統（一七八～二一三年）と並んで、「臥龍（まだ天に駆け登る前の龍）」と呼ばれていました。

劉備は、荊州で焦っていました。このころ、客将という立場で、劉表の臣下に自分を売り込むことはできず、現状を打開できなかったからです。長いこと馬に乗らなかったため、ももの内側にぜい肉がついたことを嘆く「髀肉の嘆」という言葉が生まれたのも、この時期のことです。そのため、高い名声を持ちながらも、劉表では天下を統一できないと考えて距離を保っている諸葛亮たちは、格好の接近対象でした。また、諸葛亮やその友人である徐庶（じょしょ）（?～二三四?年）も、劉備が掲げる漢室復興という大義名分と、曹操も認める英雄としての資質に、関心を向けました。こうした両者の思いが、劉備が諸葛亮を迎える時に尽くした「三顧の礼」をめぐる駆け引きとなって展開されるのです。

劉備が諸葛亮を招聘（しょうへい）するために尽くした三顧の礼は、皇帝が老儒者を迎える時の礼で、無官の青年への礼としては重過ぎるものでした。劉備も、はじめから三顧の礼を尽くすつもりはありませんでした。すでに自分に仕えていた徐庶が諸葛亮を話題にしたとき、劉備は君が連れてきてくれと答えています。『三国志演義』の設定とは異なり、このとき徐庶は、まだ劉備のもとにいるのです。部下が友人を推薦するのですから、連れて来させようとした劉備の言動は非難するにあたりません。

しかし、徐庶は、諸葛亮を尊重させることにより、劉備集団の質的変容を求めて、「この人は、こちらから行けば会えますが、連れてくることはできません。将軍が礼を尽くして自ら訪れるのがよろしいでしょう」と返答します。こうして劉備は、三顧の礼

襄陽隆中の三顧堂

を尽くし、諸葛亮を迎えたのです。

名士の諸葛亮は、君臣関係とは別の場で成立する「臥龍」という名声を存立基盤としていました。諸葛亮の権威を保つには、名声という目に見えない力への劉備の尊重を「三顧の礼」という形に現す必要があったのです。「三顧の礼」により、自分の尊重を天下に、そして集団内の関羽や張飛に宣言させた諸葛亮は出仕します。そして、荊州・益州を領有し、孫権と同盟して曹魏と戦う「草廬対」と呼ばれる基本方針を披露して、劉備の方針を定めました。そこに曹操が南下してきたのです。

「天下三分の計」

諸葛亮が同盟の相手と考えた孫権は、父の孫堅

（一五六～一九二年）の代に武力により台頭しました。孫堅は、黄巾の平定に力を尽くした朱儁に見出され、反董卓連合のなかでは、唯一董卓を破りました。そして一番乗りした洛陽で秦の始皇帝が作った「伝国璽」を手にいれたのです。しかし孫堅は、江東の弱小地方豪族の出身であるため拠点を持てず、経済的に袁術に依存していました。結果、孫堅の死後、その集団は袁術に吸収されます。それでも、程普（生没年不明）・黄蓋（？～二一五年）ら孫堅の武将たちは、集団崩壊の後にも孫氏への忠誠を貫き通します。孫権の兄孫策（一七五～二〇〇年）が父の後を嗣げたのは、かれらの力によります。やがて、孫策は、自分が渡した伝国璽により皇帝を称した袁術と決別し、周瑜の助けを得て江東を平定したのです。

建安五（二〇〇）年、孫策は曹操と袁紹が官渡で対峙している隙を衝き、許を襲って献帝を迎えようとしましたが、かつての敵の部下に暗殺されます。本拠地で暗殺されるほど支配が安定しなかった理由は、孫策が陸康（一二六～一九五年）一族を滅ぼしたことにあります。袁術の命で攻撃した廬江太守の陸康は、呉郡を代表する豪族「呉の四姓」の出身でした。呉郡の弱小豪族である孫氏は、陸氏を筆頭とする「陸・顧・朱・

張」という呉の四姓の支持を得て、呉郡に基盤を構築することが宿願でした。孫堅の後を嗣いだ孫策は、袁術から自立する前に陸康を訪ねています。しかし、陸康は自ら会おうとはしませんでした。父孫堅は「呉の四姓」を尊重し、陸康の甥を救援していますゆえに孫策は、容赦なく陸康を攻撃し、一族の大半を殺害したのです。これにより、陸氏を筆頭とする江東の名士・豪族は、孫策に対して抜き差しならない感情を持つに至ります。孫呉政権の滅亡まで続く、孫氏と江東との対峙性がここに生まれたのです。

臨終の際、孫策は孫権に、「軍勢を動員し、天下の群雄たちと雌雄を決することでは、お前はわたしに及ばない。しかし、賢者の意見を聞き、才能のある者を用いて、江東を保つことでは、お前の方がわたしよりも優れている」と言い遺します。陸康を直接手にかけた自分への江東の反発を最期まで気に病んでいたことが分かります。

こうした対立を抱える孫策が、江東を平定できた理由は、ひとえに周瑜の協力を得たことによります。周瑜は、呉の四姓とはレベルの異なる名士でした。呉の四姓の筆頭であった陸康は、廬江太守に過ぎません。これに対して、周瑜の生まれた「廬江の周氏」は、「二世三公」を誇る揚州随一の家柄でした。周瑜が「周郎」(周の若殿さま)と呼ばれ、演奏の最中に音を間違えると振り向く、と言われる音楽的センスを持っていたことは、名門周氏の貴公子に相応しい逸話です。『三国志』周瑜伝にも容姿端麗と明記される名門の貴公子、それが周瑜でした。

歴代の宰相家である「廬江の周氏」には、呉の四姓クラスでは知り得ない情報も寄せられていました。黄巾の乱がいかに猖獗を極めたか、横暴な董卓を破った孫堅がいかに強力であったのか、などです。周瑜は、孫堅が華北で転戦する間、孫策ら家族を自分の郷里に呼び寄せています。孫策の母にも面会をし、有無を通じ合って暮らしたといいます。周瑜が孫氏の面倒を見ていたのです。

こうして周瑜は孫策の盟友として、江東平定に協力します。橋公（生没年不詳）の娘大橋を孫策が、妹の小橋を周瑜が娶り、義兄弟の関係を結んだほか、周瑜の娘が孫権の太子孫登（二〇九〜二四一年）に嫁ぎ、周瑜の長子が孫権の娘を娶るなど、周氏と孫氏とは、幾重にも及ぶ婚姻関係でその結びつきを深めていきます。

孫策が卒すると、周瑜は、行政を担当した長史の張昭（一五六〜二三六年）と共に、軍を握る中護軍として孫権を支えました。もちろん孫権が親任した者は周瑜です。孫権は、名士を積極的に取り込む政策を取りました。その結果、孫策の時には政権との距離を保っていた諸葛瑾（一七四〜二四一年）や魯肅などの北来名士（長江流域より北部から移住した名士）や揚州名士が次々と政権に参入した。とりわけ、江東名士を代表する呉郡の陸遜が加入した意義は大きいものがあります。陸遜は、陸康一族の生き残りでした。それが孫権に出仕し、さらに孫策の娘を娶ったことは、孫氏と江東名士の和解の象徴と言えましょう。

こうして孫呉は、孫策の武名に依存する集団から、揚州名士の周瑜と張昭ら北来の名士とが支える政権へと変貌しました。孫権は、周瑜の支えを得て、江東支配を安定させることができたのです。

そのころ曹操は荆州に南下し、またたく間にこれを降伏させました。危急存亡の孫氏を救った者は魯肅でした。周瑜に軍資の援助をして名士となった魯肅は、一時孫策に出仕しますが用いられず、郷里に戻ります。これを見た周瑜は、魯肅を引き止め、後を嗣いだばかりの孫権に魯肅を重用することを強く勧めたのです。孫権は魯肅に今後の方針を尋ねます。魯肅は今後、孫権が取るべき戦略として「天下三分の計」を献策します。

曹操は強く、漢は復興できないので、将軍（孫権）は江東を拠点に天下に鼎足する（三本足で立つ、つまり天下を三分してその一方を孫権が支配する）状況を作り出し、皇帝を名乗ってから、天下の変を待つべきです。

『三国志』魯粛伝

魯粛の「天下三分の計」は、当時の儒教の最も重要な原則である「聖漢の大一統」（孔子がその成立を予言した聖なる国家である漢が中国を統一すべきとする思想）を逸脱する先進的な主張でした。『三国志演義』は、「天下三分の計」を諸葛亮のものとしますが、諸葛亮の「天下三分」は手段であって目的ではありません。そのため諸葛亮は、天下が三分した後も戦いを止めず、「聖漢の大一統」を目指し続けたのです。これに対して、魯粛の「天下三分」は目的です。孫権が江東で皇帝として即位するために、漢の復興と天下統一をあきらめるのです。伝統的な名士である張昭は、革新的な意見を持つ魯粛を嫌い、重用しないよう孫権に進言しました。しかし孫権は魯粛を高く評価します。のちに孫権が即位した際、「かつて魯肅は、わたしがこうなることを予言してくれた」と魯肅を追憶しています。孫権は、周瑜でさえ口にしなかった孫権の即位を魯肅が最初に言い出したことを感謝しているのです。

　赤壁の戦いに先立ち、使者として派遣された魯肅は劉備と会見し、諸葛亮にも兄の諸葛瑾と友人であることを告げて交友関係を結びます。諸葛亮とともに孫権との連合を劉備に承諾させた魯肅は、その証に諸葛亮を呉への使者として連れ戻ります。降服論も唱えられるなか、魯肅は自分の戦略どおり孫権を江東に鼎足させるため、周瑜と共に曹操を撃破していくのです。

第三章　三国鼎立

1　赤壁の戦い

長坂の戦い

曹操が南下して劉表が病死すると、劉琮は降伏しました。新野城（河南省新野県）を守備していた劉備は、曹操に追われて南に逃れます。襄陽郡を過ぎると、劉備を慕って続々と荊州の民が合流し、当陽県（湖北省荊門市の南）に至るまでには十万余に膨れあがりました。そのため進軍の速度が遅くなったので、劉備は関羽に水軍を与えて軍事物資の集積されている江陵城（湖北省江陵県）へ向かわせ、また同盟のため諸葛亮を孫権へ使者として派遣しました。荊州の州治であった襄陽郡を掌握した曹操は、劉備に江陵を取らせないため、騎兵を選りすぐって急追し、長坂坡で決戦となりました。

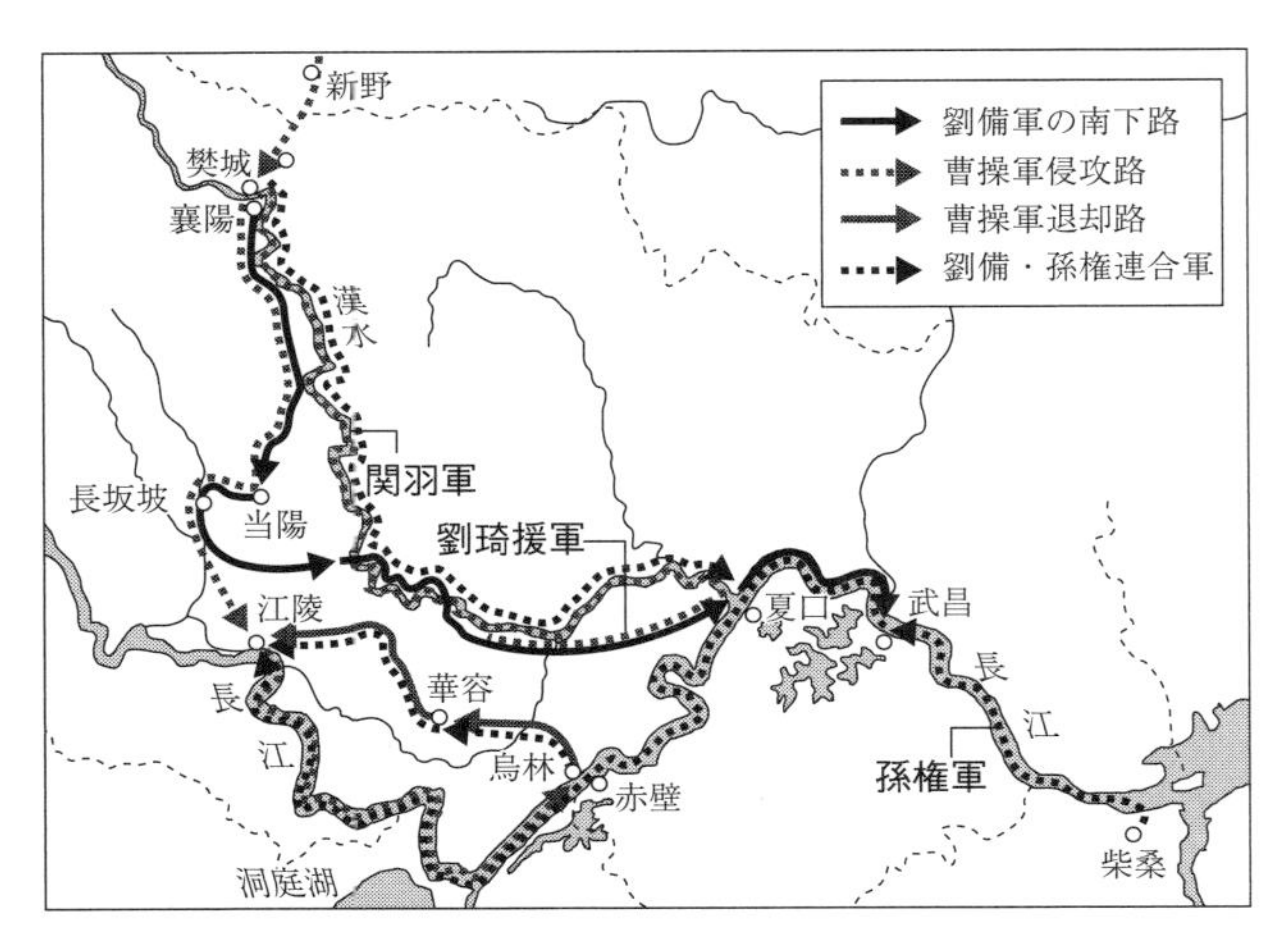

赤壁の戦い

曹操は、民を含みはだか同然の劉備軍をほしいままに殺戮します。『三国志演義』では、雲霞のごとき大軍のなかを趙雲が阿斗（劉禅、在位二二三〜二六三年）を抱いて単騎で駆け抜けますが、『三国志』にも阿斗を趙雲が守ったことは記録されます。

敗戦の中、殿を務めた者は張飛でした。わずか二十騎を率いた張飛は、川を背にして曹操軍の前に立ちはだかります。「わたしが張益徳である。やってこい。死を賭けて戦おうぞ」と叫ぶと、曹操軍から近づくものは、誰一人なかったといいます。こうして劉備は虎口を逃れ、無事、劉琦が守る夏口（湖北省武漢市）にたどりつくことができたのです。

強弱の差はあっても、軍隊は前からの攻撃には、ある程度まで持ちこたえるものです。弱いのは背後からの攻撃です。軍隊が全滅するときは、追撃をうけ背後から攻撃された時か、伏兵などにより包囲された時なのです。曹操は、『孫子』の注のなかで、「敵軍の五倍の兵力で戦う場合、五分の三で敵軍を正攻法により締めつけ、五分の二は敵が逃げないように退路で待ち、敗退してきたところを全滅させる」と言っています。背後から攻めることにより、大きな損害を相手に与えることが兵法の原則なのです。逆に言えば、軍を撤退させる時には、追撃を食い止める殿軍をどうするのか、が最も大きな問題となります。長坂坡の戦いにおける張飛の殿軍は見事なものでした。また、北伐に成功せず撤退を繰り返した諸葛亮が、困難な撤退時に一度も兵を損なっていないことは、その名将と言われる理由なのです。

火攻め

建安十三（二〇八）年、曹操が南下して荊州を降し、劉表の旧臣をそれなりの地位に

赤壁

就けると、張昭(ちょうしょう)ら孫権配下の北来名士たちは、降服を主張しました。降服論が優勢ななか、主戦論を唱える魯粛(ろしゅく)は、曹操への方針を周瑜(しゅうゆ)に尋ねることを孫権に提案します。周瑜は曹操と戦うことを主張し、呉の衆議は周瑜の主戦論に与(くみ)しました。周瑜が、君主である孫権の跳ね返せなかった降服論を圧倒したことは注目すべきでしょう。揚州における周氏の名声は高く、呉の主力軍を率いていた者も中護軍(ちゅうごぐん)の周瑜でした。

曹操の率いる数十万の軍勢に対して、周瑜と程普(ていふ)の指揮する孫呉軍はわずかに数万、この劣勢を覆(くつがえ)したものが、黄蓋(こうがい)の献策でした。

黄蓋は、曹操の水軍の密集ぶりを見て、投降を装い、焼き討ちを掛けることを進言します。『三国志演義』では、周瑜と諸葛亮の発案とされる火攻めは、黄蓋が考案したものなのです。『三国志演義』はその功績を取り上げる代わりに、黄蓋が投降する際に、わざと周瑜に罰せられ曹操に投降を信じさせる「苦肉の計」という虚構を創作します。しかし、史実では、曹操は、黄蓋の降伏に疑問を持ちませんでした。その理由は、後に述べましょう。

建安十三（二〇八）年十二月、黄蓋は先陣をきって船を出します。快速船十隻に、枯れ草や柴を積みこんだ黄蓋は、折からの東南の風にのって曹操軍に近づき、兵士たちに「黄蓋が降服する」と叫ばせます。曹操軍まであと二里（約九〇〇m）の距離で、黄蓋は船に満載した枯れ草に火をかけます。激しい東南の風にあおられた船は、炎の矢のように曹操の船団に突入しました。火は、船を焼きつくして陸上の陣をも襲います。黄蓋に続いて周瑜も、精鋭部隊を率いて上陸します。

曹操は、烏林から華容道沿いに江陵に向かって敗走しました。このあたりは湿地帯です。曹操は、疲労の極にある兵士を激励して竹や木を運んでぬかるみを埋め、何とか危機を逃れました。そして、江陵に曹仁と徐晃（?～二二七年）、襄陽に楽進（?～二一八年）を残した曹操は、許に帰還します。赤壁の戦いは、曹操の大敗に終わったのです。

敗戦の理由

曹操が赤壁で敗れた原因は、いくつか挙げることができます。その第一は油断です。これまで、黄河流域の中原の覇者が、中国を統一するのは常識でした。曹操は、華北を統一して、『孫子』に基づき降服工作を重ねていけば、戦わずに荊州、さらには揚州を支配できると考えていたようです。それは、荊州への遠征開始が建安十三（二〇八）年七月のことでありながら、八月には代表的な名士の孔融を殺害していることからも想定できます。孔融は、曹操の専制に批判的な態度を示していました。また、曹操は、荊州の劉表政権を支えていた蔡瑁とは孝廉の同年として旧知でした。劉表危篤の情報もそこから得たのだと思います。荊州だけではなく、益州からは、劉璋（?～二一九年）が曹操に恭順の意を示すために軍隊を派遣していました。揚州の孫権には、張昭（孫権配下の北来名士の中心）だけではなく、孫賁（孫権の一族。娘が曹操の子に嫁ぐ）にも内通を求めています。戦わずして勝つことは、『孫子』の理想です。曹操はそれに向けて入念な下準備をしていたからこそ、黄蓋の偽降の使者を信じて、火攻めに敗れたのです。

曹操が敗れた第二の理由は、慣れない水戦にあります。これまでの中国史では、戦いは騎兵を切り札とする陸戦で決するものでした。華北を中心とした黄巾の乱、および折からの地球規模での気候変動による寒冷化は、長江流域の人口を増加させていました。曹操が船での戦いを強いられたのは、このためです。これが、長江中下流域を支配する孫呉、上流域を支配する蜀漢が、曹魏に対抗できた理由でした。

赤壁の戦いの後、曹操は、故郷の譙県で水軍を整え、合肥（安徽省合肥市）に軍を進め、芍陂（安徽省寿県の南）に大規模な屯田を開きます。孫権への防御拠点となる合肥を固めたのです。江東を制圧するためには、長江の制海権がどうしても必要となります。当時の水軍は、指揮を取るための楼船を筆頭に、戦艦である闘艦や艨衝、小型艦である走舸などを揃える必要がありました。楼船は、前漢の武帝が南越と戦うに際して、昆明池で製造したことが『史記』に記録されています。それによれば、楼船の高さは十余丈（一〇丈は二三m）であったといいますから、その巨大さが理解できるでしょう。曹操も、杜畿（生没年不詳）に命じて楼船を造らせますが、その試運転中に、風波のため沈没しています。ちなみに、楼船と運命を共にした杜畿の孫にあたる杜預（二二二〜二八四年）は、西晋の武将として孫呉を滅ぼす中心となっています。単に船を造るだけではなく、乗組員の育成も考えると、曹操の存命中に孫呉を滅ぼすことは難しくなったと考えてよいでしょう。

そうした情勢に拍車をかけたものが魯粛の外交です。赤壁の戦いの際に兵力を温存した劉備は、戦後、荊州の南部を攻撃して、これを領有しました。魯粛は、孫権はもとより周瑜でさえ反発した劉備の荊州支配を「天下三分」の実現のため、側面から強力に支援しました。そして、劉備がほかに支配地を得るまで、荊州を劉備に貸与するという案によって両陣営をまとめあげたのです。孫権が荊州を劉備に貸与したことを聞いた曹操は、衝撃のあまり筆を落としたといいます。曹操の視座からは、曹操に対抗させる第三極としての劉備を創り出すという魯粛の描く基本戦略の大きさが、当事者の劉備や孫権以上に把握できたのでしょう。

もちろん、孫権は、劉備が益州を領有すると、長沙郡（湖南省長沙市）・零陵郡（湖南省永州市）・桂陽郡（湖南省郴州市）という荊州南部三郡の返還を要求します。魯粛は、単独で関羽と会見し、荊州を分割させせました。『三国志演義』では、刀一つで関羽が魯粛を圧倒する「単刀会」という関羽の見せ場ですが、史実では魯粛に圧倒されているのです。呉に渦巻く反対論を押し切って荊州を貸してくれた者が、魯粛であったことを劉備や関羽はよく理解していました。魯粛は、天下三分を実現するために、諸葛亮の外交を支持し、赤壁の戦いの後には荊州を劉備に貸し、呉の輿論を納得させて、天下三分の基本を作りあげました。「三国時代」という形を作りあげたのは、曹操でも諸葛亮でも周瑜でもありません。その構想は魯粛より出で、魯粛の才により実現したのです。

2 涼州支配

董卓残党

赤壁の戦いに敗れた曹操は、失墜した威信を回復するため、呉に備える一方で、関中（函谷関の内側）から涼州の平定を進めます。時間を戻しながら長安を中心とする関中、そして董卓の基盤であった涼州の動向から確認していきましょう。

初平三（一九二）年五月、董卓を打倒した司徒の王允（一三七～一九二年）と呂布は、董卓の部下である李傕（?〜一九七年）と郭汜（?〜一九七年）に敗れます。その背後には、軍師の賈詡（一四七〜二二三年）の謀略がありました。その後、建安元（一九六）年八月に、曹操が献帝を擁立するまでの約四年間は、「二袁」と呼ばれた袁紹と袁術、そして献帝を擁した李傕と郭汜という二組の対立が終わり、袁紹と曹操の二強時代への過渡期と位置づけられます。関中で行われていたのは、後者の争いでした。

王允を殺害した李傕と郭汜は、献帝に迫って高官となり、朝政を恣にしました。これに対して、興平元（一九四）年、献帝の側近である种劭（?〜一九四年）らの手引きで、征西将軍の馬騰（?〜二一二年）、鎮西将軍の韓遂（?〜二一五年）が涼州から来襲します。さらに、益州牧の劉焉（?〜一九四年）が、長安に出仕していた子の劉範（?〜一九四年）と連絡を取りつつ、援軍を派遣してきました。しかし、涼州・益州連合軍は、長平観の戦いで、郭汜に敗れ、劉範らは殺されます。まもなく劉焉も失意により病死をし、子の劉璋が後を嗣いだのです。

馬騰らを撃退した郭汜は後将軍となり、車騎将軍となっていた李傕と同様に幕府を開きます。郭汜と李傕の対立が、長安での市街戦に発展すると、李傕は献帝を本陣に招き入れ、郭汜は三公・九卿を拉致します。献帝の側近は、二人を和解させる努力をしましたが実らず、献帝は、外戚の董承（?～二〇〇年）と共に長安を脱出して洛陽を目指します。

曹操は、長安にいた荀彧の旧友である鍾繇（一五一～二三〇年）を通じて下工作を行い、建安元（一九六）年八月に上洛すると、洛陽を制圧、司隷校尉・録尚書事を拝命して輔政となり、政権を掌握しました。こうして曹操の専権は開始されたのでした。

賈詡の離間策

そのころ、長安で敗れて涼州に戻っていた馬騰と韓遂は、かつての義兄弟の契りを捨て、互いに攻撃しあっていました。曹操は、天子の威光を背景に、これを和睦させます。そのうえで、曹操は、鍾繇に命じて馬騰を長安に召し返させ、前将軍に任じて、関中を安定させました。さらに、曹操と袁紹の対立に際して、鍾繇は、馬騰を説得して、袁紹側の郭援を撃破させます。その後も馬騰は、曹操の援軍要請に応え、龐悳（?～二一九年）を従えて多くの勢力の討伐に従事しています。

建安十三（二〇八）年、曹操は荊州遠征に際して、馬騰らが関中に割拠することを危惧し、軍を解散した上で帰還するよう命じました。そして、子の馬休を奉車都尉、馬鉄を騎都尉に任じたため、馬騰は一族を引き連れて鄴に移住します。このため、曹操が赤壁で大敗した際に、関中の諸勢力が、すぐに反応できなかったのです。それでも、やがて解体された馬騰の軍を再編した馬超（一七六～二二二年）が、韓遂と共に曹操に敵対して、後に詳しく述べる潼関の戦いで大敗すると、馬騰ほか三族は皆殺しにされます。『三国志演義』は、蜀に仕えた馬超を良く描くため、これを隠し、馬騰が曹操に殺されたので、馬超は曹操と戦った、と史実と異なる記述をしています。

曹操が漢中の張魯討伐を名目に関中に兵を進めると、父の馬騰が解散した軍隊を再編した馬超は、韓遂とともに関中の東の関門である潼関（陝西省潼関県）に兵を進めます。曹操は、賈詡の離間策を採用して、馬超と韓遂との仲を裂いたのち、馬超との正面対決に臨みます。

賈詡の立案した離間策は、曹操と韓遂の父が孝廉の同年（同期）であったことを利用したものです。はじめに曹操は、馬超の講和要求を承知して、馬超・韓遂と会談しました。その際、曹操は、韓遂と楽しく昔話をします。一方、馬超は、このとき曹操を襲撃しようとしましたが、曹操の親衛隊長である許褚（きょちょ）（生没年不詳）が目を光らせていたため、実行できませんでした。そののち曹操は、韓遂に所々を黒く塗った手紙を送るのです。内通を疑う馬超に、たいした話ではないと韓遂が手紙を見せると、黒く塗った部分があります。始めから黒塗りがあったと韓遂は言いますが、馬超は韓遂の内通を確信するのです。こうして、馬超と韓遂とを分断したのち、曹操は決戦に挑みます。

潼関の戦い

馬超が率いる関中軍の主力は、後漢の中期より漢帝国最強の軍隊であった「涼州兵」の流れを汲む軽装騎兵でした。後漢の名将である段熲（だんけい）（〜一七九年）が生み出した、軽装騎兵の機動力を生かして、背後に回り込むという騎馬戦術を馬超も継承していました。軽装騎兵に背後に回り込まれると、曹操の勝利は難しくなります。いかに軽装騎兵を止めるか、そこに勝敗はかかっていました。

そこで、曹操は、わざと中央におとりの軽装歩兵を配置して、軽装騎兵をおびき寄せ

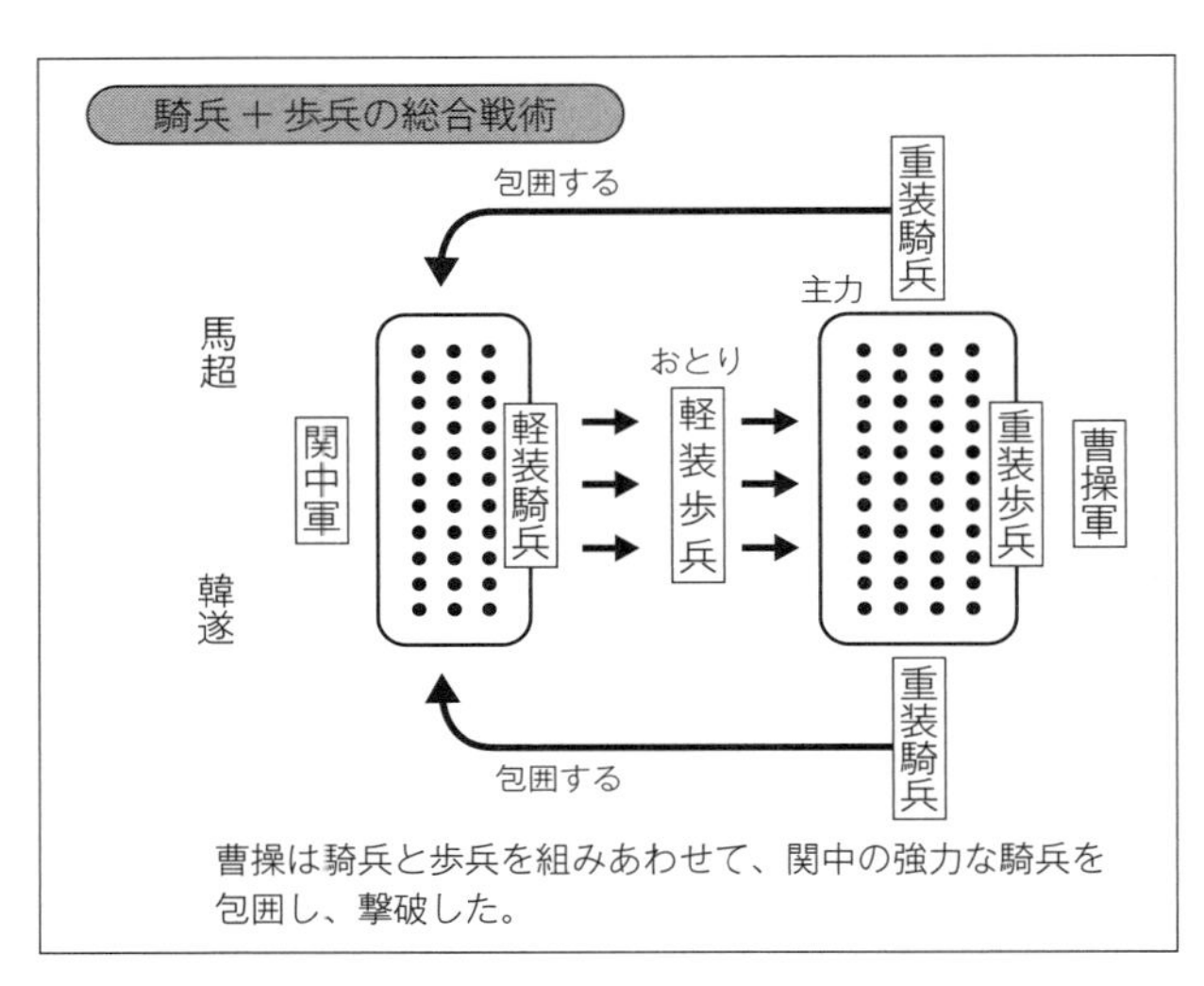

潼関の戦い

ます。馬超の軽装騎兵は、おとりを一蹴しますが、その背後に陣取る三段の長矛部隊をなかなか崩すことができません。長矛部隊は、その長い矛で守りに徹し、壁のような役割を果たしたのです。

そのとき、曹操軍の左右から親衛騎兵である「虎豹騎」が放たれます。虎豹騎は、百人隊長から選抜されたものもいる、曹操軍の最精鋭部隊です。しかも、虎豹騎の多くは「鉄騎」と呼ばれる、軍馬も馬甲（馬よろい）や面簾（馬かぶと）で全身をおおった、重装騎兵でした。重装騎兵は、西アジアを起源としますが、遊牧民族を介して、東アジアにもたらされたと考えられています。そして、漢の強弩部隊に対抗するため、匈奴（モンゴル系遊牧騎馬民族）などの遊牧民族が取り入れた装備でした。曹操はそうした装備を最強部隊である虎豹騎に与えていたのです。虎豹騎は、馬超軍の背後にまわり、馬超軍の切り札である軽装騎兵を撃破しました。

このように曹操は、歩兵と騎兵、さらには弩兵を有機的に組みあわせた段熲の戦法のうえに、さらに工夫を重ねることによって、段熲の戦法を継承する馬超の軍隊を大破したのです。赤壁の汚名は雪いだと言ってよいでしょう。

3　遼来遼来

呉下の阿蒙

赤壁の戦いの立役者である周瑜と魯粛は、早く亡くなりました。周瑜は、建安十五（二一〇）年、魯粛は、建安二十二（二一七）年に卒しています。歴史に「たら」「れば」

は不毛ですが、かれらがもう少し長命であれば、三国のあり方はかなり変わっていたと思います。二人の死後、呉を支えた者が呂蒙（りょもう）です。実は呂蒙も、建安二十四（二一九）年に卒しているので、呉の主要臣下の寿命の短さには同情を禁じ得ません。それでも呂蒙は、魯粛が病を得て呉の軍権を掌握した後、曹操を撃退して揚州（ようしゅう）を守り、関羽を殺害して荊州を奪う功績を挙げました。しかも、呂蒙は周瑜・魯粛とは異なり、貧しい家から独学でのし上がった努力の人でした。

呂蒙は、十五、六歳のころ、親族の軍についていき、母親にたいそう怒られました。すると、「いまは貧しい境遇にあっても、運良く手柄を立てれば、出世することができます。それに虎の穴を探さなければ、虎の子を得ることはできません」と答えました。やがて呂蒙は孫策（そんさく）の目にとまり、孫権も呂蒙の才能を認め、呂蒙が率いる兵は次第に増えていきました。

しかし若いころから前線で戦った呂蒙には、学問がありません。あるとき孫権は、「将軍というものは、広く学問を修め、世の中のことや兵法にも通じていなければならない」と呂蒙を諭します。ただ武力に秀でるだけでは、部隊長は務められても、方面軍司令官になり、国家の主力軍を率いることはできません。孫権が呂蒙にかける期待の大きさが分かるでしょう。呂蒙は孫権の思いを受け止めます。これ以降、奮起して猛勉強を始めたのです。

孫呉の主力軍は、周瑜が率いてきました。その死後は、周瑜の遺言もあり、魯肅が引き継ぎます。魯肅は、呂蒙のことを勇猛なだけの武将と軽く見ていました。ところが、あるとき呂蒙と話をして、その成長ぶりに驚き、「君はもう、呉下（ごか）の阿蒙（あもう）（呉の蒙ちゃん）ではないね」と称えます。呂蒙は、「男子たるもの三日会わなければ、刮目（かつもく）して（新しい目で）見直すべきです」と答えました。刮目（目をこすってよく見ること）という故事成語の由来です。こうして呂蒙は、魯肅の評価を受け、名士となったのです。

魯肅は「天下三分の計」に基づいて、劉備との同盟を外交の基本路線としていました。これに対して、呂蒙は、関羽を打倒して荊州を奪回すべきであると考えます。魯肅が呂蒙を見直したのは、関羽への備えを理路整然と説いたためでした。やがて、魯肅が病死すると、呂蒙は代わって孫呉の主力軍を率いることになりました。

劉備が漢中に進出すると、関羽はそれに呼応して曹操を討つため、樊城（はんじょう）の曹仁（そうじん）を攻めます。むろん、関羽は呂蒙を警戒して、曹操を攻めながらも、呉への守りを固めていました。呂蒙は孫権に、「関羽はわたしを警戒して、曹操との戦いをためらっています。わたしが病気を理由に前線を退けば、ほとんどの兵を北に向けるでしょう。そのときが荊州を取り戻す絶好の機会です」と進言しました。

呂蒙に代わって陸遜（りくそん）が荊州の責任者になると、陸遜はへりくだった態度で関羽を油断させます。関羽は、呉に備えていた兵を北にまわして、曹仁に総攻撃をかけました。呂蒙は、その隙をついて荊州を占領し、兵士たちに略奪を禁じ、荊州の人々を慰撫（いぶ）しました。挟み撃ちに驚いた関羽は引き返しますが、家族の無事を知った兵士たちは、関羽の軍から逃亡していきます。進退窮まった関羽が麦城（ばくじょう）に逃げ込むと、潘璋（はんしょう）が関羽を待ち伏せて降服させました。関羽は斬られ、その首は曹操に送られたのです。

呂蒙は、荊州を平定した功績により、南郡太守（なんぐんたいしゅ）となりますが、まもなく病死しました。孫権は、呂蒙の病気を治そうとあらゆる手段を尽くしました。呂蒙に気をつかわせないように、壁に穴をあけて、容態を見舞ったほどでした。呂蒙を失った孫権の哀しみは深く、しばらくは食事も取らなかったと言います。

このように呂蒙は、周瑜・魯粛と並ぶ呉の名将であるにも拘らず、『三国志演義』では非常に扱いが悪く、関羽に呪い殺されています。それは、『三国志演義』が普及した明清時代に神として信仰されていた関羽を殺したためなのです。それでは、呂蒙が指揮を取った曹操との戦いを見ていきましょう。

濡須口の戦い

赤壁の戦いの後、曹操は関中に馬超と韓遂を撃破し、自らの権威を再建しましたが、呉に対する圧力を弱めたわけではありません。建安十八（二一三）年、曹操は、呉の拠点である濡須口に攻撃を加えました。第一次濡須口の戦いです。濡須口は、九江郡合肥にある巣湖の南岸に位置しています。巣湖の北岸に曹操の拠点である合肥城があり、赤壁の再戦は、濡須口と合肥の取り合いとして行われたのです。

曹操は、遠征軍を率いて南下を開始し、濡須口に夜襲をかけます。孫権も自ら軍を率いて防衛にあたりましたが、董襲（?〜二一三年）の船が夜間の突風で転覆し、董襲は死亡しました。徐盛（生没年不詳）の船も強風に流され、敵中に孤立しました。しかし、徐盛は曹操軍に突撃することで活路を開きました。曹操は中州に上陸しましたが、呂蒙があらかじめ築いていた土塁が功を奏し、曹操軍は川を下ることができず、一カ月余り対峙したのち撤退しました。曹操は、孫権の布陣に少しの乱れも無いことに感嘆し、「息子を持つなら、孫権のようなものがいい」と周囲に語ったといいます。

建安二十（二一五）年、今度は孫権が、曹操の漢中遠征の隙をついて、十万の兵で合肥を攻撃しました。合肥の戦いです。これはあとで詳しく述べることにしましょう。

建安二十一（二一六）年、曹操は再び濡須口を攻撃します。第二次濡須口の戦いです。第一次濡須口の戦いの失敗に鑑みて、曹操は、四十万人と称する大軍と万全な態勢で攻め寄せました。これに対して、甘寧（かんねい）（?～?）は、配下の勇猛な兵士から決死隊百余人を選抜して、曹操の本陣に夜襲をかけます。曹操の陣営を大混乱に陥れると、孫権は大喜びで、「曹操には張遼がいるが、わたしにも甘寧がいる」と溜飲をさげます。

指揮官の呂蒙は、保塁の上に強力な弩兵を一万人配備していました。そして、曹操軍の先鋒部隊が陣営を築き終える前に、それを撃ち破ったのです。その結果、この戦いでも曹操は、濡須口を抜くことができず、夏侯惇（かこうとん）を二十六軍の都督として居巣（きょそう）に留め、帰還しました。呂蒙は、呉を守り抜いたのです。

逍遥津の恐怖

第一次・第二次の濡須口の戦いが、曹操から孫権を攻めた戦いであることに対して、合肥の戦いは、第一次・第二次の間に行われた、孫権から曹操を攻めた戦いです。

建安二十（二一五）年、曹操が漢中に出征すると、孫権は十万の兵で合肥を攻撃しました。合肥の守兵は、わずか七千に過ぎません。しかし、曹操は、孫権の行動を予想して、あらかじめ「軍令」を与えていたのです。護軍（ごぐん）［軍目付］の薛悌（せってい）（生没年不詳）に渡された、「敵が来たら開けよ」と書かれた小箱に「軍令」は収められていました。開封すると、「孫権が攻めてきたら、張遼（一六五～二二一年）と李典（りてん）（生没年不詳）は出撃せよ。楽進（がくしん）（?～二一八年）は残って城を守れ。薛悌は戦ってはならぬ」と記されていました。諸将がためらうなか、張遼は、勇士八百人を募ると、陣頭に立って孫権の陣営に攻め込みます。予想もしていなかった反撃に仰天した孫権は大敗し、戦いの全体を俯瞰するために、小高い丘に撤退します。

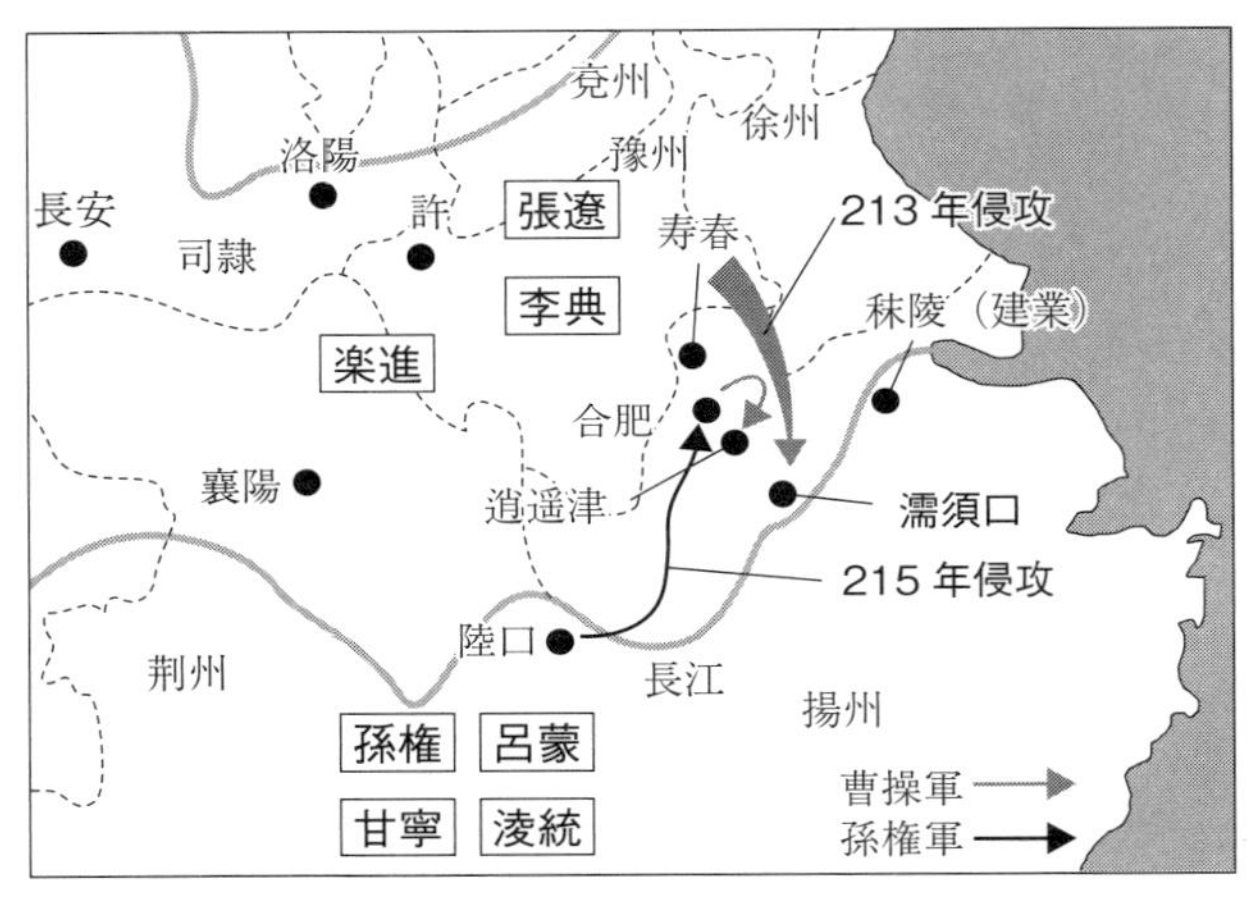

合肥の戦い

張遼の率いる兵は、千人にも満たない数です。高所より戦いを俯瞰した孫権は、張遼軍が少数であることに気づきます。そして、兵を集結させると、張遼を幾重にも取り囲んだのです。包囲された張遼は、右に左にと押し寄せる敵を追い払いましたが、まだ囲まれている兵士がいました。張遼は、再び包囲網を突き破り、残りの兵士を救い出して引き上げると、合肥城の守備を固めます。張遼が兵を見捨てなかったことで、人々の心に落ち着き、孫権が十日間余り取り囲んでも、城は陥落しませんでした。

孫権は、あきらめて退却します。その帰途を張遼は狙っていたのです。張遼は孫権を逍遥津に急襲します。逍遥津は、川の渡し場です。川の途中まで渡った敵軍を攻撃することは、兵法の基本として『孫子』にも記される極めて有利な戦い方です。張遼は、押し合いへし合いする孫権軍に突入して、片っ端から斬りまくり、孫権の将軍旗を奪います。孫権も危うかったのですが、甘寧・呂蒙の奮戦と、凌統（一八九～二三七年）の決死の突入によって、孫権はようやく逃れることができました。しかし、凌統の部下はみな討ち死にし、凌統自身も深手を負う大敗を喫しました。

合肥の戦い以後、孫権は張遼を恐れ、諸将に、「張遼とは戦うな」と念を押します。孫権の抱いた恐怖心は、『三国志演義』では、「遼来、遼来（張遼が来た）」と言うと、呉では恐くて子どもが泣き止んだ、と表現されています。その起源は、『太平御覧』人事部七十五に引用する『魏書』の「江東の子どもが泣くと、これを恐れさせるため、「張遼が来た、張遼が来た」と言った。（そう言って泣き）止まないことはなかった［江東小児啼、恐之曰、遼来、遼来、無不止矣」」で

逍遥津の張遼像

すが、直接的には童蒙書（児童用教科書）である『蒙求』の記述を典拠とするのでしょう。ちなみに、吉川英治の『三国志』では、「遼来、遼来」が「遼来来」になっています。これでは、「張遼ちゃん、おいでおいで」となってしまい、子どもは大泣きですね。

4 鶏肋

漢中争奪

そのころ曹操は、漢中郡を劉備と争っていました。張遼が少数の兵で合肥を守備しなければならなかった理由です。劉備は、荊州南部を拠点とした後、諸葛亮の草盧対（荊州と益州を領有して、天下統一を目指す基本戦略）に基づき、劉璋を攻めて、漢中を除く益州を征服していました。劉備が成都県（四川省成都市）を支配した後に、狙うのは漢中を支配する張魯です。漢中は、成都から長安・洛陽に向かう場合、最も重要な土地でした。曹操は、そして劉備もまた、張魯の漢中に狙いを定めます。

張魯は、五斗米道という道教の起源となる宗教の教祖であり、漢中はその宗教王国となっていました。五斗米道という名称は、病気が治った信者に、五斗（約十リットル）の米を寄進させたことに由来します。張魯が、創始者の張陵（生没年不詳）を「天師」と呼んで崇めたことから天師道という呼称に変わり、さらに正一教と名を変えて、現代まで続いています。

五斗米道の教義によれば、病気は犯した罪が原因であり、病気を治すには、祭酒と呼ばれる指導者のもと、静室で天・地・水の神々に罪を懺悔告白し、再び罪を犯さないとの誓約文を書けばよい、といいます。悪事を行った者は三度まで許し、四度目になると罪人と呼びます。罪人は、『老子』を習い、流民に対して無償で食料を提供する無料宿泊所である義舎に米や肉を寄進し、あるいは道路や橋の修理に労働奉仕をします。そうした善行が、贖罪につながるとされていました。

五斗米道は、信者から構成される強固な自治組織を形成して、一般信者を鬼卒、それをまとめるものを祭酒、さらにその上に治君、そして師君（張魯）が置かれていました。張魯の漢中支配は、この組織を利用したもので、官吏を任用しませんでした。こうして五斗米道は、漢中に宗教王国を形成していたのです。

曹操の集団は、青州兵に代表される黄巾の残党を多く含んでいました。黄巾の乱をおこした張角の太平道も、五斗米道とよく似た教義を持っていました。ゆえに張魯も、曹操にさほど抵抗せず、その軍門に降りました。そして、天下を定める者は魏であるという予言書を伝え、五斗米道が待ち望んだ支配者として、曹操を「真人」と位置づけるなど、曹操に接近していきます。「真人」とは、天命を受けて新しい国家の主君となるもののことです。この言葉は、儒教の経典にはなく、道教経典の一つである『太平経（太平清領書）』などで説かれる思想です。

このように、曹操の漢中平定は順調に進み、張魯の娘は曹操の子曹宇（?～二七八?年）の妻となっています。両者の利害が一致し、曹操は宗教教団を取り込み、漢中を円滑に統治することができるかに見えました。そこに劉備が侵入したのです。

定軍山の戦い

曹操の祖父曹騰は宦官であったため、父の曹嵩は夏侯氏より養子に迎えられました。曹嵩の甥にあたる夏侯惇の族弟が夏侯淵（?～二一九年）です。夏侯淵は、曹操が故郷で事件を起こしたときに身代わりとなり、曹操の挙兵とともに別部司馬・騎都尉として各地を転戦しました。袁紹を官渡の戦いに破った後は、兗州・豫州・徐州の兵糧を取り仕切り、軍の補給を担当します。夏侯惇が拠点を守り、夏侯淵が兵糧を運ぶ、二人の夏侯将軍が曹操軍を支えていたのです。ただし、慎重な性格の夏侯惇とは異なり、夏侯淵は勇猛で先頭に立って戦う「猛将」でした。軍中語（軍の中の人物評語）に、「典軍校尉の夏侯淵、三日で五百里（約二〇〇km）、六日で一千里（約四〇〇km）」と評されるほど、敵の不意を衝く急襲を得意としていたのです。

　曹操の勢力が拡大すると、すべての軍を曹操が率いることは不可能となります。曹操は、夏侯淵が方面軍指令官に成長することを望み、潼関の戦いの後、涼州の平定という大役を任せたのです。夏侯淵は、韓遂軍の主力であった羌族の居留地を攻撃し、馬超亡き後も抵抗を続ける韓遂をおびき出して破り、涼州を平定しました。曹操は、羌族が謁見する際には夏侯淵を侍らせ、羌族を威圧したといいます。夏侯淵の威名は、羌族に鳴り響いていたのです。

　曹操が漢中に張魯を征討すると、夏侯淵は涼州の精兵を率いて参加し、張魯の降服後、

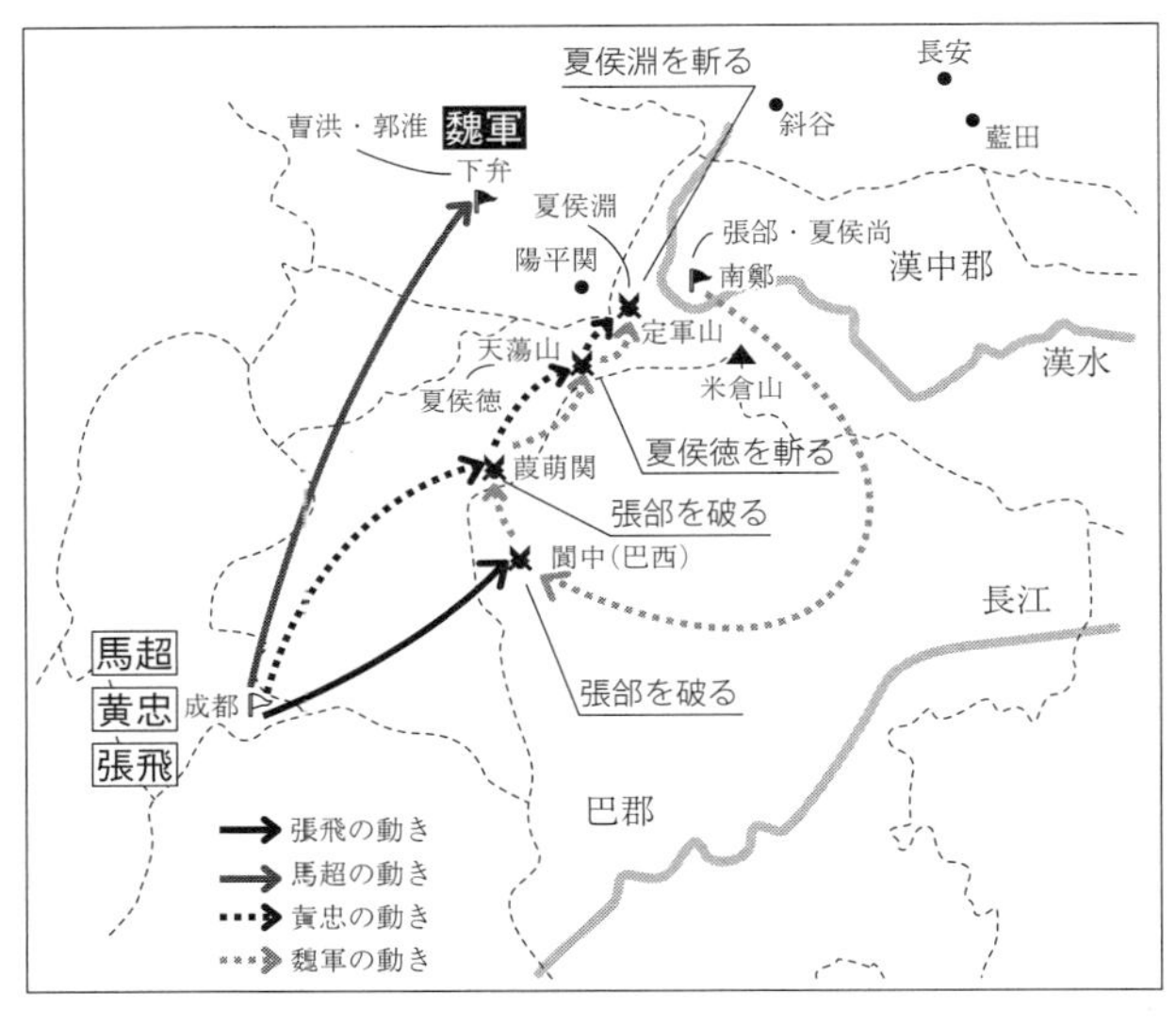

漢中争奪戦

漢中の守備を命ぜられました。一方、劉備は、劉璋を下して益州を取り、益州の喉にあたる漢中攻略を目指していました。陽平関を固める夏侯淵に対して、劉備は黄忠（?～二二〇年）を定軍山に陣取らせ、川越しに漢中盆地をうかがう形勢を取ります。夏侯淵は、精鋭を率いて、張部とともにその後を追い、劉備軍と交戦します。『三国志』黄忠伝によれば、山腹に待機していた黄忠は、陣太鼓をいっせいに打ち鳴らし、怒濤のように坂を駆け下って殺到し、夏侯淵を討ち取ったといいます。『三国志演義』は、これに法正（一七六〜二二〇年）が山上より指揮したとする脚色を加えます。しかし、『三国志』夏侯淵伝によれば、最期の戦いの様相は、黄忠伝とは異なります。

ある夜、劉備軍が夏侯淵の陣営の囲いの逆茂木に火を放ちました。そのとき夏侯淵は、張郃に東の囲いを守らせ、自ら軽装の兵士を率いて南の囲いを守っていました。しかし、劉備軍が張郃を破ったので、自分の率いる兵士の半数を救援に差し向けます。その隙を黄忠に衝かれて、殺害されたというのです。そのとき率いていた兵は、わずか四百、自らの武力を過信していたと言われても仕方のない少なさでした。

逆茂木の補修にわずかな兵で赴き、奇襲を受けて斬殺されたという、夏侯淵戦死の知らせを受けた曹操は、絶句します。そして、悲しみ、軍令を発布しました。「司令官は自重して、自ら武器をとって戦うことも慎むべきものである。まして、鹿角（逆茂木）の修理など、司令官のすることではない」と。

曹操は、かつて夏侯淵に、「司令官は臆病でなければならないときもある。勇気だけに頼るのは、匹夫の敵（一人を相手にする兵卒）である」という訓令を出していました。

「猛将」夏侯淵は、これを守りませんでした。その結果、兵を率いる将としてではなく、「匹夫の敵」として黄忠に斬られたのです。

漢中と漢帝国

黄忠は、この功績によって、後将軍に任命されました。これは、関羽・張飛・馬超と同格で、趙雲よりも格上となります。それは、諸葛亮が「張飛・馬超らは黄忠の活躍を見ているので、文句は言わないでしょうが、関将軍はそのことを知らないので、納得しないでしょう」と、劉備に進言したほどの抜擢でした。諸葛亮の不安は的中し、関羽は黄忠を「老兵」と侮って、同列の前将軍になることを拒否しました。そして費詩の説得でようやく前将軍に就任しています。劉備は、それほどまでに生涯で初めて曹操を漢中という地で破ったことが嬉しかったのです。

それは、劉備が祖と仰ぐ前漢の建国者である劉邦は、漢中を拠点として項羽（前二三二〜前二〇二年）を破り、漢を建国したからです。そもそも漢という国名が、漢中に因んでいます。漢の復興を目指す劉備が、最も領有したい土地が漢中でした。

漢中の定軍山にある諸葛亮の墓

劉備はやがて、魏王を称する曹操に対抗して漢中王となります。そして、曹丕が魏を建国すると、漢を継承して帝位に就きました。これを前漢・後漢と区別して、季漢（季は末っ子という意味。あるいは蜀漢とも呼ぶ）と称します。ここに漢帝国復興の志は、実現したのです。

迷い

劉備にとっての漢中の重要性は、曹操も理解していました。このため、曹操は、夏侯淵が戦死した後にも、劉備との戦いを止めませんでした。しかし、戦況は思うに任せません。何か思い惑うことがあったのでしょうか。「鶏肋（鶏の肋骨）」という命令を下しました。部下は、何のことだか分かりません。
「汝南の袁氏」と並ぶ「四世三公」の家柄を誇る楊脩（一七五〜二一九年）が、謎を解きます。「鶏肋というものは、これを棄てるには惜しいが、これを食べても足しにはならない。これを漢中に照らせば、魏王が引き揚げようとお考えになられていることがわかる」。その言葉どおり曹操は、その直後に撤退をします。だが、果たして答えはどうだったのでしょう。楊脩は、まもなく曹操に処刑されます。殺害の理由は、楊脩が曹植（曹丕の同母弟、一九二〜二三二年）に対し、「答教」という教科書を作って曹操の質問に答えを用意したことに求められています。たしかにこの時期、曹操は自らの後継者を曹丕と曹植のうち、曹丕に定めており、曹植擁立に奔走した丁儀（？〜二二〇年）は、曹操の死後に魏王を継承した曹丕によって殺害されています。

曹操の惑いは、後継者の問題だけではありませんでした。否、後継者問題も含めて、漢帝国をどうするのかという大問題に直面していました。目先の漢中を取ることよりも、漢帝国について思い悩んでいたのです。四百年続いた漢には、それだけの重みがありました。

第四章　古典中国への挑戦

1　漢帝国と儒教

古典中国

曹操が最後まで漢を滅ぼさなかったように、四百年続いた漢帝国には伝統の重みと、それを守る儒教という宗教がありました。とくに、儒教を国教としていた後漢では、国のかたちを儒教によって定めており、それは後世、歴代の中国国家に継承されて「古典中国」と呼ぶことのできるものになりました。

中国の歴史の認識は、儒教の尚古主義（古を理想として尊重）を基調とします。ただし、堯・舜・禹といった聖王の御世や周の文王・武王を理想と仰ぎながらも、現実には、秦の始皇帝が理想とし、かつ実現した、皇帝による中央集権的な官僚制度が整備された統一国家を規範とし続けてきました。

「古典中国」では、統一国家を尊重することは、「大一統」（統一を尊重する）という『春秋公羊伝』の経義（儒教経典の理念）に基づき、その重要性が表現されました。「大一統」を保つための方策としては、「郡県」と「封建」が対照的に語られます。始皇帝が実現した「郡県」による統一国家が行き詰まったとき、理想として周の封建制に託した郡県制への改善策が提示されるのです。また、「古典中国」は、「大一統」の障碍となる私的な土地の集積に対しては、「井田」の理想（土地の所有を等しくする）を準備し、さらに文化に依拠するあらゆる価値基準を国家のもとに収斂するため、「学校」が置かれることになります。

これらは、始皇帝とは別に、儒教の経義から生まれ、漢代以降に実現されたものです。後漢末でも、たとえば曹操の子である曹植は「封建」の必要性を説き、司馬懿の兄である司馬朗（一七一～二一七年）は、「井田」の復活を提言しています。曹操には、儒教に基づく政策を遂行し、「古典中国」をモデルに漢を再建するという道がありました。

ただし、儒教は漢を孔子が成立を予言した「聖」なる国家と考えています。曹操が、これに代わることはできません。「大一統」は「聖漢」が成し遂げるべきとするのです。諸葛亮が、天下三分の後にも、季漢（蜀漢）による中国統一を目指し、曹魏と戦い続けたのは、「聖漢の大一統」を実現するためでした。それは、打倒の対象とする曹魏が、後漢を滅ぼしたためです。すなわち、曹操は「古典中国」をモデルに仰ぎ、「聖漢の大一統」を目指す道を取らなかったのです。

　これは茨の道です。曹操は、儒教に頼らず、自ら新しい国家のモデルを創造しなければなりません。しかし、曹操はすでにその道を歩んでいました。たとえば、屯田制は、「井田」思想に基づきません。後漢が行った貧民への「公田」の貸与は、あくまでも「民」を等しく支配するために、貧富の差を縮小し、税を等しくかけようとするものでした。「井田」の理想に基づく政策と言えます。これに対して、曹操は、自分の土地を耕す農民より、民屯を耕す農民から重く税を取っています。土地の所有も課税額も等しくしようとする「井田」の理想とは異なるのです。このため曹魏を滅ぼした西晋「儒教国家」は、曹魏の屯田制を継承せず、「井田」思想に従った占田・課田制を施行しています。世界史の教科書では、継承関係で説明される両制度ですが、儒教の「井田」思想を基準とすると、両者は明確に異なるのです。

唯才主義

曹操は、新たな時代に対応する制度を創造するため、漢とそれを支える儒教の価値を相対化しようと考えていました。曹操が掲げた人材登用の方針である唯才主義は、儒教的価値基準に基づく漢の官僚登用制度への批判です。

漢の郷挙里選は、人間として優れていること（孝行・廉潔）が、そのまま官僚として相応しい人間であることを前提としています。孔子も、「君子は親に仕えて孝を尽くす。だから、（父母に仕える孝を）移して君主に仕えると、君主に対する忠となる」と『孝経』広揚名章で述べたとされていました。これに対して、曹操は、唯才能だけを基準として人材を登用すると宣言し、君主権力確立のための人材を求めたのです。

（建安）十五（二一〇）年春、（曹操は）令を下して言った、「……もし必ず「廉」潔な士であってはじめて起用すべきだとすれば、斉の桓公はいったいどうして天下の覇者となれたのか（廉潔ではない管仲を用いたからである）。いま天下に粗末な衣服を着ながら玉を抱いて渭水のほとりで釣りをしている（太公望呂尚のような抜擢を待っている）者がいるはずないと言えようか。また嫂と密通し賄賂を受け取り（貪欲ではあるが、陳平のような才能を持ちながら、それを見出した魏）無知にめぐり合っていない者はないだろうか。二、三の者よ、わたしを佐けて下賤の地位にいる（才能のある）者を明らかに称揚せよ。「唯才」能のみを（基準として）挙げよ。わたしはその者を用いよう」。

『三国志』武帝紀

曹操は、管仲（春秋時代の斉の宰相。?～前六四五年）のように貪欲であっても、陳平（前漢の宰相、?～前一七八年）のように嫂と密通し賄賂を受けとっても、「唯才」だけを基準に察挙を行うと天下に宣言しました。これは「孝廉」であること、すなわち人間の徳性、「人として優れていること」が、官僚としての才能「能力のあること」を保証する、という儒教理念に基づいて行われてきた、孝廉科を常挙とする後漢の郷挙里選の否定になります。

唯才主義は、恣意的で統一的な基準が存在しない名士の人物評価への挑発も兼ねていました。名士の主観的な鑑識眼により、果たして有能な人材が見分けられるのか。漢の儒教が前提としていた、人の「性」（生まれながらの性質）と「才」（発揮できる能力）との一致、それは自明のことなのか。こうした曹操の問いかけに対して、名士は自分たちの人物評価を理論化する必要に迫られます。やがて議論されていく「才性四本論」（才と性が一致するか否かを論ずる）という哲学的な清談（貴族が行った議論）の題目は、曹操の疑問に答える一つの試みなのです。

こうして曹操は、漢を支えていた儒教の枠組みを超える人事基準を掲げました。そして、後漢の儒教が、国家の正統性の根本に置く、『春秋公羊伝』隠公元年の「春秋の義」（規範とすべき行動基準）である「聖漢」による「大一統」を崩すものが、曹操の魏公（公は爵位。人臣の就くべき地位である侯の上である。公の上の王になると、皇帝に即位可能となる）就任から本格化する後漢簒奪（国家を奪うこと）への動きなのです。

聖漢の大一統

後漢の儒教は、強い宗教性を帯びながら、漢の支配を正統化していました。その中心となる経典が『春秋公羊伝』でした。黄巾の乱を見ずに死んだ何休（一二九〜一八二年）は、漢のための『春秋公羊伝』の解釈を今日に伝えています。宦官による知識人への弾圧である党錮の禁を受けた何休は、学問の世界に閉じ籠もり、漢への思いを『春秋公羊伝』の注である『春秋公羊伝解詁』に書き綴りました。

『春秋公羊伝』は、年表の形式で書かれた経（本文）にそって、哀公十四（前四八一）年まで書かれています。その年に孔子が獲麟（麒麟が捕らえられた事件）により、自らの天命を知ったことを重視するためです。麒麟は、鳳凰と並ぶ聖獣で、本来、聖王の政治が行われた場合に瑞祥（吉兆）として現れます。ところが、哀公という、聖王には程遠い君主の乱れた世に、時ならずして麒麟が現れ、しかも麒麟は死に、何の動物か分からなかったため、博学で有名な孔子にこれを告げる者があった、というのです。『春秋公羊伝』の経・伝、そして何休の注を掲げてみましょう。

〔経〕十有四年春、西狩獲麟（〔哀公〕十四年の春、西方で狩りをして麒麟を獲た）。

この九文字の経文を説明するために、延々と伝が続きます。伝では、麒麟は本来、中国の動物ではなく、これは異（災異）である。誰が狩りをしたのか、薪取りである、などの議論が続いたあと、麒麟の死を聞いた孔子の姿が描かれます。

〔伝〕（孔子は）袖を返して顔をぬぐい、涙が袍（えり）をぬらした。

〔注〕袍とは、衣の前の襟である。孔子は以前から緯書を調べ、庶民出身の聖人劉季（劉邦）が周に代わるべきことを知っていた。……西方で狩りをして獲たというのは、東方から出て西方で王となることである。東方は卯を西方は金を表す。獲たというのは、武力行使を示す表現である。卯金刀（劉）という姓の漢が、武力で天下を得ることを言っている。……孔子は、（孔子の時代から劉邦が漢を建国するまでの間、戦国時代や秦の動乱など）民があまりに長く災厄を受けることを深く憐れんで、前もって泣いたのである。

何休によれば、獲麟は、木徳（周）→火徳（漢）の革命を象徴します。孔子は、それを緯書（予言書）により予知していたといいます。また、「卯」は十二支の四番目で、月では二月、方位では東方を表し、「金」は五行相生説の四番目で、方位は西、季節は秋を表します。「卯＋金＋刀（刂、りっとう）」＝劉は、漢字を分解する析字という方法です。そして、麒麟の死に孔子が涙したのは、麒麟のためではなく、漢が成立するまでの長い時代の民の苦しみを思ってであるというのです。

さらに続く「獲麟」への公羊伝と何休注は、『春秋』制作の理由に議論を進めます。

〔伝〕君子はなぜ『春秋』をつくったのか。乱世を収め、これを正しきにもどすには、『春秋』より適切なものはないからである。

〔注〕……孔子は、仰いで天命を推し量り、伏して時変を察し、はるかに未来まで見通し、前もって永遠の彼方を理解して、漢が大乱の後を引き継ぐことを知ったので、乱を収めるための法をつくって、漢に授けたのである。

公羊伝は、乱世を収めるものを漢とは明言しません。これに対して、何休は、孔子が漢の成立を予知し、大乱を収めるための法（統治の原則）を漢に授けるために『春秋』を著したとしています。具体的には、何休は、『春秋公羊伝』宣公（せんこう）十五年の注で、理想的な土地制度として「井田」を施行すべきことを主張しています。それが孔子の残した「撥乱（はつらん）の法」（乱を収めるための統治原則）と信じたのでしょう。

後漢の衰退と滅亡は、「漢の経」と言われた公羊学の普及と展開を困難にしていました。それでも、何休は祈るように、孔子と漢との関係を説き続けています。

〔伝〕（孔子は）春秋の義を制して、後世の聖人を待った。
〔注〕聖漢が王となって、『春秋』を法とすることを待ったのである。

公羊伝は、後世の聖人も、漢であるとは明言しません。これに対して、何休は、「聖漢」が王となることを孔子が待ち望んでいたと明記します。無冠ではあるが、真の王者である「素王」の孔子が、後世の「聖漢」のために、真の王者たるものの法を『春秋』において指し示す。何休に代表される公羊学派の「孔子素王説」は、後漢末の混乱期においても「聖漢」の正統性を主張し続けていたのです。

後漢末から三国時代の名士は、必須の教養として、「聖漢の大一統」を主張する『春秋公羊伝』などの儒教経典を修めていました。ちなみに大経学者の鄭玄（一二七〜二〇〇年）は、何休の春秋公羊学を批判しています。新しい時代の儒教も芽生えてはいたのです。しかし、後漢「儒教国家」の正統思想である公羊学が説く「聖漢の大一統」を崩そうとする曹操に対して、荀彧は猛然と抵抗していくのです。

2　荀彧の死

儒教に殉ずる

建安十三（二〇八）年、赤壁の戦いに敗れた曹操が、その統合の中核として献帝を必要不可欠とする天下統一よりも、君主権力の強化と後漢に代わる曹魏の建国とを優先するようになってから、曹操と荀彧との関係は、急速に悪化していきます。ただし、荀彧は、諸葛亮のように、純粋な漢の忠臣と言うことはできません。これまで曹操に献策する際に、項羽が仮に立てて後に殺害した「義帝」に献帝を準えているためです。項羽は、天下統一を前に、名目的に擁立していた義帝を殺害しています。荀彧も、そうした思いで献帝を見ていたのではないか、という疑いが残るのです。しかし、抱負である「儒教国家」の再建が不可能となるにつれ、荀彧は漢の擁護に転じていきます。このため、董昭（一五六～二三六年）たちが、曹操の魏公への勧進（推挙）を相談すると、荀彧は正面から反対したのです。

> 荀彧は言った、「太祖（曹操）がもともと（漢を救うための）「義兵」を起こしたのは、それにより（漢の）朝廷を匡し国家を寧んじ、「忠貞」の誠をとり、自らは謙って実を守るためであった。君子は人を愛する際に「徳」を用いる（利益を用いない）。このように（魏公に勧進）することは宜しくない」。
>
> 『三国志』荀彧伝

荀彧は、「義」・「忠貞」・「徳」といった儒教的徳目を列挙して、換言すれば名士層が根底に置く儒教的価値基準を掲げて反対しました。荀彧は、名士の存立基盤、かれらの価値基準を賭けて曹操の行動を阻止しようとしたのです。

したがって、曹操が、漢の簒奪はもとより、自分の君主権の確立や人事基準の唯才主義による統一、政治理念における法術主義を実現するためには、荀彧が押し立てる名士層の文化的価値の中心にある儒教を粉砕する必要がありました。しかし、荀彧の殺害は、危険を伴うものでした。荀彧は、自身の交友関係に加え、従子の荀攸が曹操の軍師、三兄の荀衍（生没年不詳）が監軍校尉・守鄴・都督河北事（鄴を中心とした河北の軍の都督）となり、軍事力に関与しています。さらに、長子が曹操の娘を娶るほか、陳氏・鍾氏・司馬氏などと結ばれた婚姻関係により、荀彧は支えられていました。

それでも、曹操と荀彧との対立は決定的でした。このため曹操は、建安十七（二一二）年、孫権討伐の途上、出征先の陣中で荀彧を自殺させるという周到ぶりを示します。荀彧は、後漢の献帝の守尚書令（官房長官）なので、曹操直属の臣下ではありません。

そのため曹操は、わざわざ出征先の軍中に荀彧を招き、生殺与奪の権を握っているときに、自殺に追い込みます。人事のために、戦争を起こした曹操の覚悟は、注目に値します。人事は、戦争と同じ、命懸けの攻防なのです。

軍事力という君主権力の切り札により荀彧を殺害した曹操は、名士層のとりあえずの服従を得ました。ただし、曹操に九錫（きゅうせき）（王や皇帝になる前に受ける特別な礼）を勧進（かんじん）する文の筆頭に名を連ねた荀攸は、荀彧殺害の二年後に卒します。名士層の次世代の指導者である陳羣（ちんぐん）（荀彧の娘婿）、あるいは司馬懿など荀彧の推挙を受けた名士の動向は、不安定でした。しかも、劉備（りゅうび）・孫権（そんけん）という敵対者と対峙する曹操は、国力の低下を招く名士への武力弾圧を繰り返すことができません。

そもそも名士を成り立たせている存立基盤は、軍事力でなければ経済力でもありません。かれらを支えているものは文化に基づく名声です。具体的には儒教の優越性を梃子（てこ）に文化的諸価値を専有する名士に対抗するためには、新たな文化を創出し、儒教を相対化する必要があります。曹操は荀彧の殺害以前から、儒教を価値の中核に置く名士に対抗するための新たな文化の創出を試みていました。それが「文学」です。

文学の宣揚

曹操には、文学以外にも、儒教を相対化する選択肢がありました。後漢の明帝期（在位、五七〜七五年）に伝来した仏教は、江南を中心に教線を拡大しようとしていました。また、道教の起源となる五斗米道の教祖である張魯が、曹操を「真人」と称えて迎合しています。曹操が、これらを選択しなかったのは、君主権力とは別に、宗教的権威が並存することを嫌ったためでしょう。

曹操は、自ら積極的に文学活動を行い、さらに文学的才能のあった息子の曹丕と曹植の周辺に文才溢れる人材を集め、文学サロンを形成しました。とくに曹植は文学において天才的な才能の持ち主で、後に曹丕との間で後継者問題が発生することになります。また、曹操自身の志や政治方針を積極的に詩に詠み、曲に乗せて唱和させました。このように、曹操とその息子曹丕・曹植を基軸に展開された、曹操の政治的意図を含む積極的な文化活動の成果を総称して「建安文学」と言います。

短歌行（たんかこう）（其の一）

対酒当歌　人生幾何
譬如朝露　去日苦多
慨当以慷　憂思難忘
何以解憂　唯有杜康
青青子衿　悠悠我心
但為君故　沈吟至今
呦呦鹿鳴　食野之苹
我有嘉賓　鼓瑟吹笙
明明如月　何時可輟
憂従中来　不可断絶
越陌度阡　枉用相存
契闊談讌　心念旧恩
月明星稀　烏鵲南飛

酒に対（むか）えば当（まさ）に歌うべし　人生　幾何（いくばく）ぞ
譬（たと）えば朝露の如し　去日は苦（はなは）だ多し
慨（なげ）きて当に以て慷（いた）むべし　憂思　忘れ難し
何を以てか憂いを解かん　唯だ杜康（とこう）　有るのみ
青青たる子（きみ）が衿　悠悠たる我が心
但だ君の為の故に　沈吟して今に至る
呦呦（ようよう）と鹿は鳴き　野の苹（よもぎ）を食（くら）う
我に嘉賓（かひん）有らば　瑟（しつ）を鼓し笙（しょう）を吹かん
明明　月の如きも　何（いづれ）の時にか輟（ひろ）う可き
憂いは中より来（きた）り　断絶す可からず
陌（ひゃく）を越へ阡（せん）を度（わた）り　枉（ま）げて用て相存（あいそん）せよ
契闊（けいかつ）して談讌（だんえん）し　心に旧恩を念（おも）わん
月　明らかに　星　稀にして　烏鵲（うじゃく）　南に飛ぶ

繞樹三匝　何枝可依
山不厭高　水不厭深
周公吐哺　天下帰心

樹を繞ること三匝り　何の枝にか依る可き
山は高きを厭わず　水は深きを厭わず
周公　哺を吐きて　天下　心を帰せり

『楽府詩集』巻三十　相和歌辞　五

「短歌行」の元歌は、人生の儚さを歎くもので、冒頭の字句からもそれは窺えます。詩題が分かるのは、傍線部の鹿鳴です。明治時代に外国からの賓客を招く建物を鹿鳴館と名づけた語源でもあります。それは『詩経』の鹿鳴という詩を典拠としています。曹操の「文学」は、全く新しい文化として始められたのではありません。儒教の経典であった『詩経』を踏まえたものでした。幼少のころから、儒教経典を暗記してきた名士たちは、「鹿鳴」という言葉を聞いただけで、これが曹操の人材登用の志を歌った詩であることが分かりました。『三国志演義』がこの詩を歌う時期を赤壁の前に設定し、その歌詞を不吉とすることとは、曹操の「姦」を描くため、故意に曲解したものです。

曹操の詩は、儒教経典の『尚書』の「詩言志（詩は志を言う）」を典拠とする、自らの志を表白するものでした。

亀雖寿（亀は寿と雖も）

神亀雖寿　猶有竟時　　神亀は寿と雖も　猶お竟る時有り
騰蛇乗霧　終為土灰　　騰蛇は霧に乗るも　終に土灰と為る
老驥伏櫪　志在千里　　老驥 櫪に伏すも　志は千里に在り
烈士暮年　壮心不已　　烈士は暮年　壮心 已まず
盈縮之期　不但在天　　盈縮の期は　但だ天に在るのみならず
養怡之福　可得永年　　怡の福を養わば　永年を得る可し
幸甚至哉　歌以詠志　　幸い甚しく至れる哉　歌いて以て志を詠わん

『楽府詩集』巻三十七　相和歌辞　十二

有名な詩なので驥老を老驥に改めて、もう一度引用しました。曹操五十三歳の詩である「亀雖寿」は、前半では運命論を提示します。生あるものには必ず終わりが来るとの諦観（ていかん）がそこには描かれます。そして、後半において、そうした運命をも乗り越えるものとして意志の力を提示し、これによって「永年」をも摑（つか）み得る可能性を宣言したものです。人生はやがて終わるとしても、その「志」は生き続けるのです。曹操は、中国の統一を見ずして卒しましたが、約四百年後、曹操の国家制度を継承する隋唐帝国によって、曹操の志した中国の統一は成し遂げられたのです。

人事基準

曹操の巧みさは、一から新しい文化を創造するのではなく、名士の存立基盤である名声の価値の根底に置かれた儒教を踏まえながら、文学を宣揚したところにあります。その結果、名士は文学を無視できませんでした。また、文学の価値基準は、主観的です。価値を宣揚した曹操の基準により優劣を判断できます。しかも、道教や仏教のように、君主とは別に、教主や道観（どうかん）・寺院が権威を持つこともありません。文学という価値の特性を熟知した利用法と言えましょう。

建安文学は、中国史上、初の本格的な文学活動と評されます。それまでにも、自分の内的な価値基準において、文学を最高の価値に据える者はいました。しかし、儒教一尊の後漢において、文学は政治や道徳に従属し、文学者は地位の低い俳優と同列の扱いを受けてきました。詩作などの文学的才能が評価されて官職に就き得る状況は、文学に基づく人事を試みた曹操から始まります。

曹操は、文学の宣揚を進めるため、文学者の丁儀を丞相西曹掾（人事担当官）に就け、文学を基準とした人事を始めます。後漢の郷挙里選は、孝廉などの儒教的な価値基準により官僚を選出していました。このため、知識人はみな儒教を学んだのです。曹操は、基準を文学とすることで、その価値を儒教を超えるものにしようとしたのです。

文学を人事の基準とすることは、唐の科挙（官僚登用制度）の進士科（七言律詩が主な試験科目）に継承されます。李白や杜甫が詩を詠んだのは、科挙の受験勉強という側面も持っていたのです。これまで『詩経』の儒教的解釈だけを学んできた名士は、詩の実作を新たな人事基準とする曹操の政策に面食らいました。代々、儒教を学んできた家の出身である司馬懿までもが、慌てて作詩を学びました。司馬懿の詩は、お世辞にも優れているとは言えず、その当惑ぶりを今日に伝えています。

このように曹操は、儒教とは異なる新たな価値として、文学を国家的に宣揚したのです。名士は儒教一尊の価値基準を相対化され、儒教は「聖なる漢」「永遠なる漢」を説く何休から、革命を容認する鄭玄へと中心が移動します。曹操の文学宣揚は、曹丕の曹魏建国を妨げる漢と密着した儒教を排除したのです。曹操の業績は、屯田制などに見られる政治家としての革新性や、軍事指揮官としての有能さに目を奪われがちです。しかし、曹操は文学者としても一流で、さらにその文学を政治に利用した点においても、類まれなる才能を持つ人物であったことが分かります。

文学宣揚は、天才詩人の曹植（曹操の三男）と後継者を争った曹丕（曹操の嫡長子）によって、終焉を迎えます。曹丕が導入した官僚登用制度である九品中正制度は、その運用の根底に孝を置く、儒教的価値基準に基づくものになりました。それでも、曹操の文学宣揚が儒教に与えた衝撃は大きく、儒教は、「聖漢」の永遠を説く経義から革命を容認するものへと変容していきます。このため曹丕は、漢魏革命（漢から魏への国家の交代）を儒教で正統化し、官僚登用制度も儒教的価値基準により運用することにしたのです。

3　魏王

周の文王

建安二十一（二一六）年五月、漢中から帰還した曹操は、魏王の地位に就きました。漢帝国では、劉氏ではない者が王に就くことは認められないことでした。しかも七月、南匈奴の単于（単于は匈奴の君主の称号）の呼廚泉が魏王のもとに来朝します。南匈奴は、漢の属国でした。その君主が献帝ではなく、曹操のもとに臣下として朝貢したのです。漢帝国が有名無実化していることは、周知の事実だったのです。夏侯惇は、「天命と輿論にしたがい、皇帝を称してはいかがでしょうか」と曹操に問います。曹操は、「周の文王もまた、天子になるだけの声望と実力を持ちながら、自ら殷を滅ぼすことをせず、子の武王に後事をまかせた。わたしに天命があるというのなら、わたしは周の文王になろう」と答えています。

こうした曹操の志は、短歌行（其の二）にも表現されています。曹操は、「短歌行」

という楽府（歌の詩）のメロディーを好んでいたようです。すでに掲げた其の一だけではなく、其の二も書いています。詠まれた時期は明らかではありませんが、荀彧を殺害した後の作と考えられます。省略しながら掲げます。

周西伯昌　　周の西伯昌
懐此聖徳　　此の聖徳を懐く
三分天下　　天下を三分して
而有其二　　而して其の二を有つ
修奉貢献　　貢献を修め奉り
臣節不墜　　臣節を墜はず
……
為仲尼所称　仲尼の称へる所と為るは
達及徳行　　徳行に達及び
猶奉事殷　　猶ほ殷に事ふるを奉ぜばなり

論敘其美　　論じて其の美を敘ぶるなり

……　　『楽府詩集』巻三十　相和歌辞　五

曹操の楽府は、儒教経典からの引用が多いという特徴があります。最初の四句は、『論語』泰伯篇の「天下を三分して、其の二を有ちて、以て殷に服事す。周の徳、其れ至徳と謂ふべきのみ（〈周の文王は〉天下の三分の二を保持したが、その状態で殷に臣従した。周の徳は、至徳というべきである）」を踏まえています。曹操は、多くの儒教経典を踏まえることで、文学という新たな価値観が、儒教を起源としながらも、儒教を超えるべきことを示したのです。

曹操は、「短歌行」其の一では、周公旦の故事を典拠に自らの志を詠っていました。これに対して、「短歌行」其の二は、周の西伯（文王）を高く評価します。これは、天下の実権を掌握しながらも、献帝へ「臣節」を尽くしている自らの投影です。しかも、西伯の子武王は、殷を滅ぼして周を創設します。そして、西伯は周の文王と呼ばれることになったのです。自分（曹操）は周の文王であり、天子（献帝）を奉ずるが、子には天子の地位を譲るように、という志を「短歌行」其の二は歌っているのです。

　このような楽府を宴席で歌われた献帝は、さぞ辛かったでしょう。楽府は、大勢で唱和しますので、群臣はあまねく、これを唱和させられたのです。易姓革命の正統性を歌で言祝がされたと考えてよいでしょう。曹操の文学は、自分の正統性を奏でる手段として、そして、儒教を超える新たな価値として宣揚されたのです。

　漢魏の禅譲革命をかわきりに、魏晋南北朝（二二〇～五八九年）から北宋（九六〇～一一二七年）までの約七百年間、中国の革命は、ほとんど禅譲によって行われます。曹操以前には、前漢を奪った王莽が禅譲を行いましたが、後世の規範となったのは、曹操の故事でした。曹操がうけた官位や特別な礼は、以後の禅譲のお手本となります。これを「魏武輔漢の故事」と言います。曹操は、禅譲の手順をマニュアル化して後世に示したのです。それを継承して、皇帝として即位したものは、曹植ではなく曹丕でした。

曹丕と文学

曹操は多くの子どもに恵まれましたが、嫡妻の卞夫人から生まれた嫡長子の曹丕と三男の曹植は、ともに秀でた才能を持っていました。とりわけ曹植は、父にも勝る抜群の文学的センスの持ち主で、曹操が名士に対抗するための文化として文学を尊重すればするほど、後継者争いで曹植が有利となりました。これに対し、名士の価値基準である儒教では、後継者は嫡長子でなければなりません。曹植を兄の娘婿とするにも拘らず、崔琰は、嫡長子相続を正当とする『春秋公羊伝』隠公元年の「春秋の義」に基づき、曹丕の立太子を主張します。荀彧亡き後、名士の中心であった陳羣も、曹丕後継を支援します。

　果断な曹操ですが、後継者の指名は悩んだようです。文学に基づく人事を担当させた丁儀は、曹植の股肱（最も信頼する家臣）でした。曹操が後継者の指名という、権力者にとって最も重要な決断を遅らせた理由は、曹植の才能により文学の地位を確立して、名士に対抗するという選択肢が魅力的だったためでしょう。しかし、赤壁での敗退、その結果としての劉備と孫権の存在は、名士の協力を断ち切ってまで、君主権力の確立を目指すことを曹操に許しませんでした。結局、曹操は曹丕を後継者に指名します。ただし、この曹操の迷いは高くつきます。曹丕が、自分を支持した名士層に、恩義を負うことになるからです。

建安文学において、自らも詩を詠んだ曹丕は、『典論』論文篇において、「文章は経国の大業で不朽の盛事」であると述べています。中国近代文学を創設した魯迅（一八八一～一九三六年）は、これを「文学の自覚」と極めて高く評価します。『典論』論文篇は、これ以外にも、孔融ら「建安の七子」や蔡邕の辞賦や書簡文の長所と短所を述べ、中国における文学評論の始まりとも言われています。

しかし、曹丕が『典論』を著した太子のころ、曹操はまだ文学の才能に秀でる曹植を後継者にするか思案していました。そうした中で、なぜ曹丕が弟の得意とする「文学の自覚」を高らかに宣言するのでしょうか。

綿密に検討してみると、曹丕は、すべての「文章」を「経国の大業」で「不朽の盛事」であると言ってはおらず、「一家の言」の「不朽」を主張しているだけなのです。それはすでに儒教経典の『春秋左氏伝』で述べられています。曹丕の『典論』論文篇も、『春秋左氏伝』の「立言不朽」説に基づいて議論が展開されています。『典論』論文篇は、未だ儒教から自立できてはおらず、魯迅の過大評価と言えましょう。

父の曹操は、荀彧ら名士が根底に置く儒教を相対化するために、文学を尊重し、それを人事基準に置こうとしました。相対化されることを恐れた儒教は、革命を正統化する鄭玄などの理論を正面に押し出していきます。曹丕はそれに基づいて即位するのです。

漢魏革命

建安二十五（二二〇）年、正月に魏王曹操が薨去すると、三月、献帝は元号を延康と改めます。しかし、漢の延命と康安への願いは虚しく、十月、曹丕は漢を滅ぼして魏を建国しました。しかもこの間、曹丕は四回にわたって献帝に禅位の詔を出させ、三たび辞退する「三譲」の形を整えてから即位しました。その際、二つの横滑り人事が発生します。

第一は、君主が主体となって行った魏王府から曹魏帝国への横滑り人事です。曹操は、魏王に封建されると、自らは漢帝国の丞相・冀州牧（魏は冀州に属す）でありながら、魏王としてその王府に、尚書・侍中・九卿、さらに秘書を任命しました。後漢が丞相（曹操が三公を統合）・九卿以下の官職を持っているにも拘らず、新たに魏王国の官職を

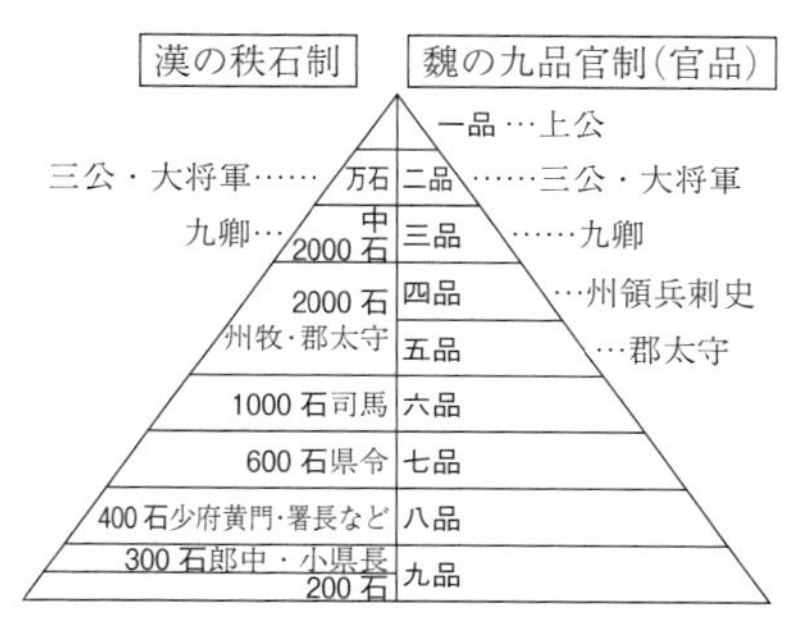

九品中正制度

組織したのです。これにより、漢帝国の中に、魏王国の政府が存在するという二重権力状態を形成して、国政の場を漢帝国の朝廷から魏王国の朝廷へと移行していったのです。そして、曹丕が漢魏革命を起こすと、魏王国の閣僚は、曹魏帝国の閣僚へと横滑りを行い、権力の委譲を円滑に行いました。行政の断絶を生まない巧みな人事と言えましょう。その際、新設の秘書は、中書と名称を変更します。ここに唐へと継承される三省（尚書省・中書省・門下省〈侍中が長官〉）が形成されます。これにより漢代の三公九卿制から唐代の三省六部制へと、中央官制が大きく展開していくのです。

第二は、名士に有利な九品中正制度という、官僚登用制度に基づく横滑り人事です。陳羣が献策した九品中正制度は、郡に置かれる中正官が官僚就任希望者に、郷里の名声に応じて一品（一品が与えられることは少なく、事実上は二品が最高位）から九品の郷品を与え、郷品から原則として四品下がった起家官（初任官）に就き、一生かけて四品分を出世していく、という制度です。たとえば、郷品二品の者は、六品の起家官に就き、二品官まで出世します。このように官僚の地位は、最初に授けられる郷品により規定されるため、郷品を定める中正官が強い権限を持ちます。その就官者は、人物評価を掌握してきた名士層が中心となりました。したがって、曹操のもと権力を掌握していた名士は、新たに建国された曹魏においても、自らの価値基準に基づく人事によって、支配者層に横滑りすることができたのです。

しかも、九品中正制度は儒教に基づいて構築されていました。曹操が批判した郷挙里選の孝廉科で重視していた儒教理念の根本に置かれる孝を無することが、郷品を下げる際の理由とされていたのです。たとえば、『三国志』を著した陳寿は、服喪中に薬を飲んだため、郷品を下げられています。儒教の経義によれば、服喪中は孝の現れとして体調が悪化しても、薬を飲んではならないためです。陳羣は、こうして官僚登用制度の基準を文学ではなく、儒教に置くことに成功したのです。曹操のときに比べると、曹魏は建国したその時から、君主権力が後退していることが分かります。これはやがて、陳羣の後継者である司馬懿が権力を伸長し、司馬懿の子である司馬昭が蜀漢を滅ぼし、司馬昭の子である司馬炎が曹魏を滅ぼし西晋を建国し、孫呉を滅ぼして三国を統一する遠因となります。

曹操の志は、隋唐帝国へと受け継がれますが、生身の身体が死を迎えたのと同じように、子の曹丕が建国する曹魏も、儒教を味方に付けた司馬懿に実権を掌握されてしまうのです。秦の始皇帝の中国統一を承けて、約四百年に及ぶ支配の間に漢帝国が創りあげた「古典中国」の中核にある儒教を退けることは、それほどに困難なことなのでした。

それでも、儒教に抵抗を続けた曹操の志は、二十一世紀になって曹操高陵として、われわれの目の前に姿を現したのです。

4　高陵

発見の経緯

曹操は、建安二十三（二一八）年六月より、自らの陵墓の造営を始めていました。生前に造る墓を「寿陵（じゅりょう）」と呼びます。その場所については、『三国志』に次のように記されています。

> （建安二十三年）六月、布令して、「古（いにしえ）の埋葬は、必ず粗末で痩（や）せた土地で行った。西門豹（せいもんひょう）の祠（ほこら）の西の高原上を測り寿陵を造り、高地を利用して基礎とし、土盛りをせず（松や柏も）植えない。『周礼（しゅらい）』に、「冢人（ちょうじん）は王の葬られる墓地を掌（つかさど）り、おおよそ諸侯（の墳墓）は左右の前方に置き、卿（けい）や大夫（たいふ）（の墳墓）はその後方に置く」とある。漢の制度も同様でこれを陪陵（ばいりょう）と呼んだ。公卿や大臣・将軍の功ある者（の墓）は、寿陵に随従させるべきである。墳墓の領域を広くつくり、充分に（陪葬者を）

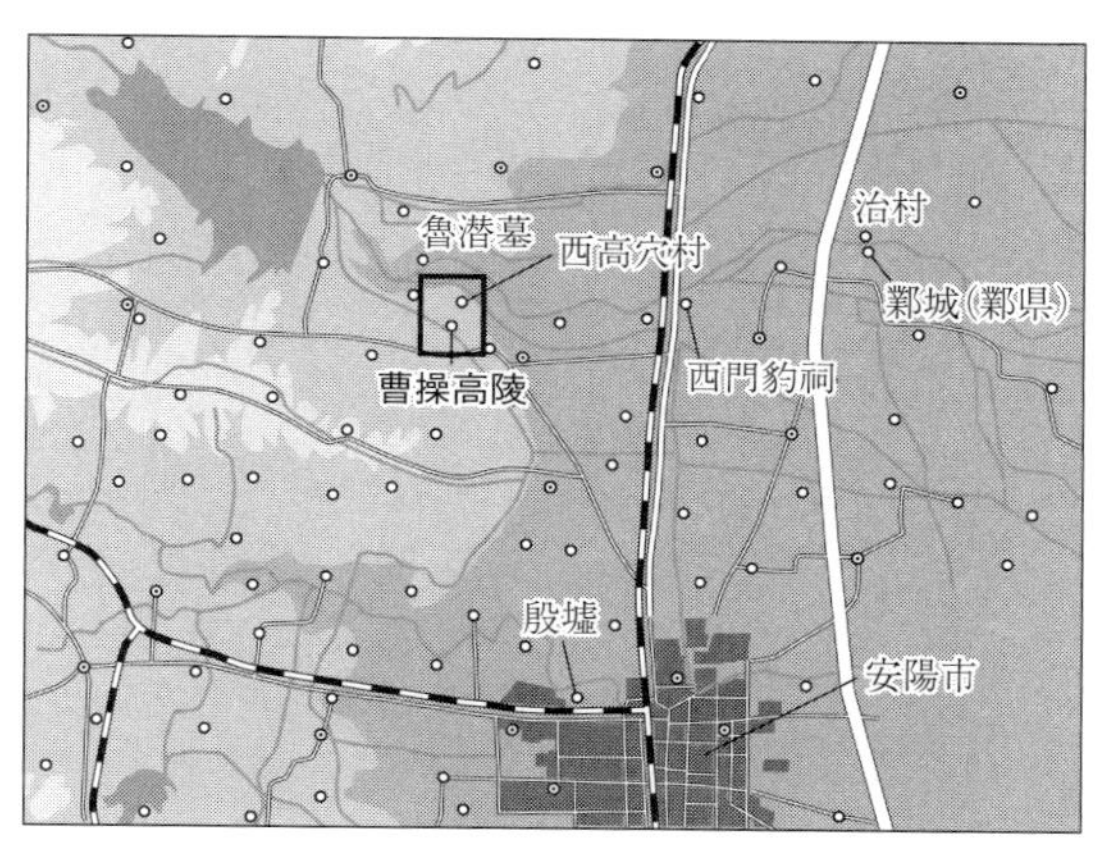

曹操高陵の場所

包みこめるようにせよ」とした。

『三国志』武帝紀

曹操の終令（寿陵を造営する命令書）の中に記される「西門豹の祠の西」が、鄴県の西にあることは、唐代の地理書『元和郡県図志』にも記されていて、周知のことでした。

それでも、該当する地域は広かったのですが、さらに、高陵の場所が特定されたのは、四世紀の後趙（五胡十六国の一つ、三一九〜三五一年）に仕えた魯潜という人物の墓誌が発見されたことにあります。魯潜の墓誌には、曹操の高陵が魯潜墓の東南三百m余りの範囲内（河南省安陽県西高穴村）にあることが記されていたのです。西高穴村では、以前から土器などが出土する場所がありました。さらに、西高穴村の東七kmには高陵の目印となる西門豹の祠の遺跡があり、一四km余りには魏王曹操の都であった鄴城の遺跡があります。そうした情報が知れ渡り盗掘者の侵入を受けた西高穴二号墓が、二〇〇八年より緊急に発掘されることになったのです。

西高穴二号墓は、横穴式の墓陵で、墓道の長さは三九・五m、最深部は地表から約一五mに及びます。墓道を降りていくと、磚（レンガ）を積んだアーチ形の墓門があります。墓門の開け閉めにより、複数回使用できることが、後漢に広まった横穴式墓の特徴です。墓室は磚を積んで造られ、前後二室に分かれます。それぞれに側室が二つずつあり、甬道で繋がれています。前室は、平面が正方形に近く、東西の長さ三・八五m、南北の幅三・八七mで、応接間にあたるのでしょう。北と南に備えられた側室は、副葬品の埋葬場所と考えられます。

後室は、東西の長さ三・八二m、南北の幅三・八五mで、前室の甬道付近で発見された六十歳前後の男性の頭蓋骨は、本来、ここに埋葬されていたものです。青石で舗装された床に六つの石葬具の痕跡が残っており、すでに破壊されている石棺床が設置され、

大戟に付けた説明のタグ

写真提供：新華社／共同通信イメージズ

その上に木棺（もっかん）が置かれていた、と推測できるためです。後室内には、二つの頭骨と一部の骨格が散乱していました。それぞれ二十歳前後、六十歳前後の女性です。彼女たちは、それぞれ後室の南北の側室に埋葬されていました。後室の南北側室では、それぞれ木棺一組が発見され、その四隅には鉄製の帳（とばり）の金具が確認されています。

このように二室四側室を備える西高穴二号墓は、後漢末・三国時代の王墓としての規模と格式を持ちます。そして、高陵に比定する証拠とされた石牌（せきはい）（副葬品につけられた札）も発見されました。なかでも「魏武王常所用挌虎大戟（魏の武王曹操が常に用いた虎と戦った大きな戟）」と書かれている石牌は、西高穴二号墓が曹操高陵であることの最も直接的な証拠とされました。

そのほか、遣策（副葬品リスト）のほか、玉器・石器・陶器などが発掘されました。注目すべきは、陶鼎が十二件発見されたことで、これは、『後漢書』礼儀志に、「瓦鼎十二」と記される天子の明器（副葬品）に等しい数になります。また、石璧の直径・石圭の長さは、ともに二八cm（一尺二寸）であり、『周礼』考工記に規定される天子の礼制と同じです。

曹操は漢の魏王であり、実権は天子を凌いでいました。墓陵の格式と出土物も、高陵のそれに相応しいと言えましょう。しかし、西高穴二号墓が、曹操高陵であるという確信をわたしはすぐには持つことができませんでした。それは、隣にある西高穴一号墓が、使用されずに放置されていたからです。

一号墓の謎を解く

『後漢書』皇后紀によれば、後漢の皇后は皇帝と合葬されます。ただし、たとえば、霊

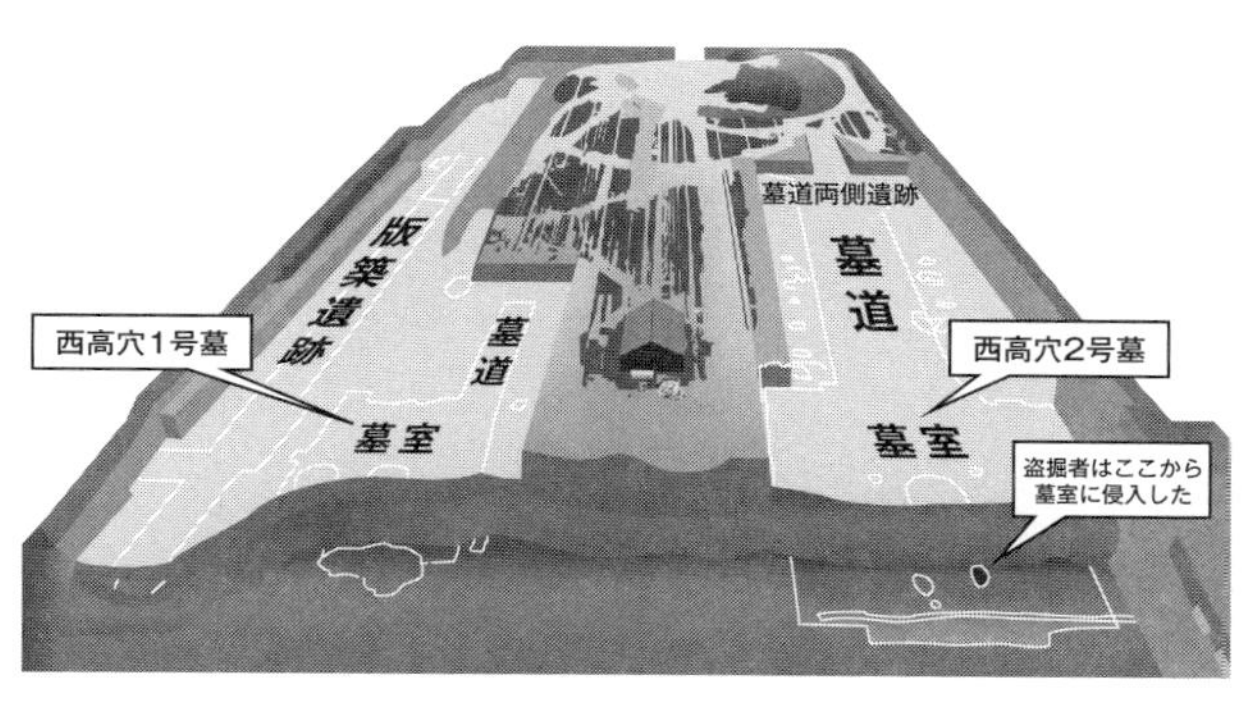

曹操墓のイメージ図
作成：朝日メディアインターナショナル株式会社

帝の王皇后は、文昭陵に合葬されましたが、その場所は霊帝の文陵の陵園の北側になります。すなわち、合葬という呼称ではあっても、それぞれの墓穴は異なる異穴合葬なのです。放棄された一号墓も、二号墓の北方に造成されています。造成時は後漢ですから、曹操高陵も異穴合葬として造成されたと考えられるのです。後漢「儒教国家」の経義をまとめた『白虎通』は、異穴合葬を定めているからです。

しかし、卞太皇太后（曹操の嫡妻の卞王后。孫の明帝期まで生存。?〜二三〇年）が崩御した明帝期には、同穴合葬するように儒教経義が変更されていたのです。

『三国志』明帝紀は、「（太和四〈二三〇〉年）六

月戊子、（下）太皇太后が崩御した。秋七月、武宣卞后を高陵に祔葬した」と記録しています。「祔葬」とは、『礼記』という儒教経典に付けられた鄭玄の注によれば、「合葬」のことです。鄭玄の注を［　］で示して掲げましょう。

孔子が言った、「衛人が祔するときにはこれを離す。［祔とは、合葬のことをいう。（衛人の合葬では）離して、（柩を囲う）椁の間をあけていた。］魯人が祔するときにはこれを合わせる。善いかな。［善いかなとは、魯人をほめているのである。祔葬は（柩を囲う椁を）合わせる（ために同じ穴に埋葬する）べきである。］」と。

『礼記』檀弓下

『礼記』の本文だけでは、祔とはどのような意味で、「離」と「合」とは何をどうするのかが分かりません。そこで鄭玄は注をつけ、祔が合葬であることを説明したのち、離すとは、その椁（棺を納める外ばこ）と椁とを隔てること、合とは隔てないことであると解釈するのです。隔てないためには、同じ穴に入れるしかありません。すなわち、鄭

台所の明器

玄の解釈によれば、合葬をする際には、椁と椁とを離す異穴合葬ではなく、同穴合葬をすべきなのです。

曹操の孫の明帝（曹叡、在位二二六～二三九年）は、司馬懿が台頭するなか、君主権力を強化するために、鄭玄の経学を官学とします。卞太皇太后が崩御したとき、明帝は、鄭玄の経学に基づいて、曹操と一つの穴に合葬したのです。これに対して、曹操が寿陵を造成した際には、後漢の経義を定めていた『白虎通』に基づき、自らの穴と卞妃の穴を別々にする必要がありました。西高穴二号墓の北側に造成され、使うことなく放棄された一号墓は、後漢の礼制に基づいて卞后のために造られた異穴合葬のための墓が、曹魏の明帝による鄭玄説の採用によって放棄されたものと考えられるのです。

こうした考えをまとめて論文として発表しているうちに、考古学的な調査も進み、二号墓は二回、埋葬が行われたことが確認されました。一度、曹操を葬り、墓を埋めたあと、もう一度、墓道を掘って墓門を開き、埋葬される資格を持つものは、嫡妻であった卞太皇太后しかありません。西高穴二号墓からは、三人の頭蓋骨が発見されていますが、そのために用意された台所の明器には、明確な身分差があります。二つの明器の大きさが等しいことは、嫡妻が埋葬されたことを示すのです。

このように一号墓が使われていないことこそ、西高穴二号墓が曹操の墓であることの何よりの証拠なのです。

薄葬に現れた曹操の志

曹操は、薨去（こうきょ）する前に、遺令（いれい）により墓の中に金銀財宝を埋葬しない「薄葬（はくそう）」を命じています。

（建安二十五年春正月）庚子、魏王が洛陽において崩御した。享年六十六であった。遺令して、「天下はなお未だ安定しておらず、（葬儀を）古に則ることはできない。埋葬が終われば、みな服喪を止めよ。将兵で駐屯している者は、みな屯営を離れてはならない。役人はそれぞれ自分の職分を執行せよ。遺体を棺に斂めるには平服を用い、金玉や珍宝を入れるな」といった。諡して武王という。二月丁卯（二十一日）、高陵に葬った。

『三国志』武帝紀

曹操は、遺令において、服喪（喪服を着て、喪に服すること）の期間を短くせよとし、遺体を棺に斂めるには平服を用い、金玉や珍宝を入れるなと命じています。

薄葬は形骸化した儒教への抵抗でした。後漢の郷挙里選では、孝廉が尊重されました。親孝行であることを明確に表現するには、親のために巨大な墓を造ることが有効でした。そこに莫大な財宝を入れれば、お金に汚くない「廉」であることも示すことができます。このため、後漢では、親を手厚く葬る「厚葬」が流行したのです。しかし、そこに富が

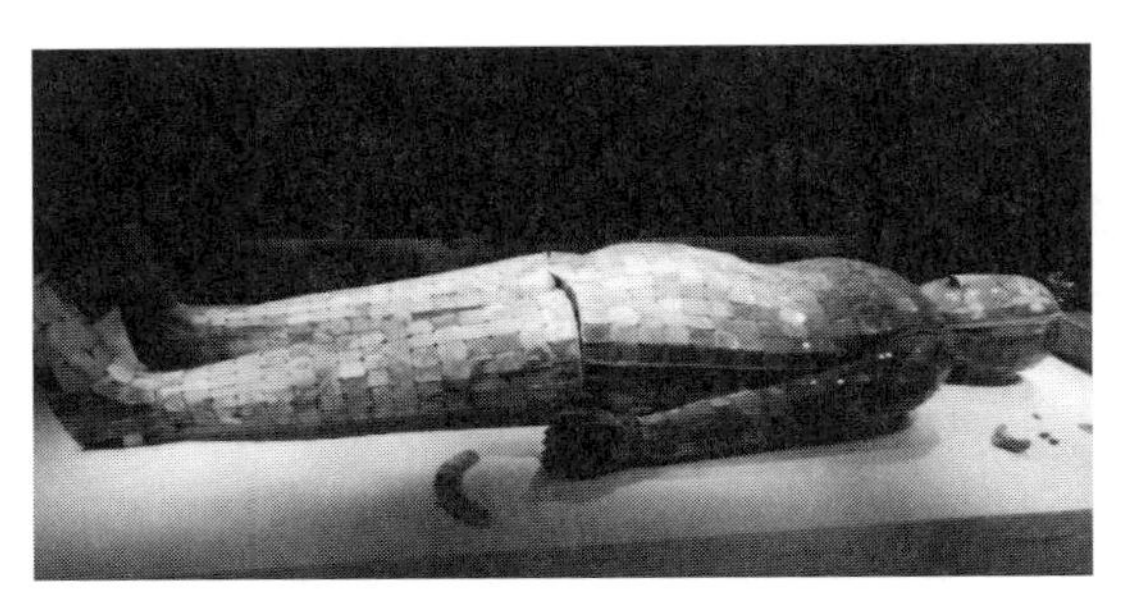

金鏤玉衣。劉備の祖先とされる中山靖王。劉騰の満城漢墓から出土した。

あることが分かれば、賊が集まります。墓泥棒たちは、墓を暴き、親の遺体を身ぐるみ剝ぎました。それでも厚葬は止まりません。親がどうされようと、厚葬をすれば、自分は郷挙里選によりキャリア官僚となれるためです。肝心な孝は置き去りです。なかには、親の墓の墓道に住んで、喪に服する「孝行者」も現れました。しかし、すでに述べたように、その間に子を何人も生ませていることが分かり、処刑された偽の「孝行者」もいました。

このように後漢「儒教国家」では、儒教が形骸化し、孔子の嫌った人間として不自然な姿がまかり通っていました。曹操はこれに我慢できなかったのです。そのために、固く薄葬を命じました。

曹操の故郷譙県（現在の安徽省亳州市）にある「曹

操宗族墓」からは、「銀縷玉衣」（銀の糸で玉をつなげた遺体に着せる衣装）が発見されています。曹操の祖父曹騰・父曹嵩は、ともに費亭侯という諸侯であり、銀縷玉衣を着て埋葬される資格がありました。墓泥棒たちが最も狙うものは、この玉衣です。曹操は、魏王であり、さらに豪華な「金縷玉衣」で埋葬されることが礼でした。しかし、曹操は、そうした葬礼を拒否し、薄葬を命じたのです。西高穴二号墓からは、たとえ盗掘を受けても残るであろう玉衣の破片すら見つかっていません。出土した玉器は、平服につける装飾品だけでした。

東側の最大幅二二m、東西の長さ一八m、墓葬全体の総面積は約七四〇㎡という西高穴二号墓の規模は、日本人の抱く「薄葬」というイメージからは遠いのかもしれません。しかし、薄葬とは、陵墓の規模よりも、むしろ儀礼や副葬品、服喪などの全体を示します。儒教に抵抗した時代の改革者曹操の志は、曹操高陵の薄葬として、二十一世紀にまで伝わったのです。

おわりに

『三国志』を著した陳寿は、曹操を「超世の傑」と評しています。時代を超えた英雄として、陳寿は曹操を高く評価しているのです。曹操は、時代を変革する力を持っていました。屯田制や戸調といった田制・税制は、均田制・租庸調制へと発展することで、隋唐律令制度の起源となっています。曹操の時代を変革する力によって、隋唐帝国は、魏晋南北朝の分裂を乗り越え、五千万人を支配する古典国家を再編することができたのです。その制度の基本は、曹操が定めたものでした。赤壁の戦いに敗れ、天下統一に成功しなかったことで、曹操の創造性が高く評価されないこともあります。しかし、名君の呼び声の高い唐の太宗李世民が布いた律令体制は、太宗が一から創造したものではなく、曹操の政策を発展させたものでした。唐に全盛期を迎える五言詩もまた、文化として高く評価することを始めた者は、曹操なのです。

一方で曹操は、激情家でもありました。優れた文学者であった理由もここにあります。

ただ、徐州での大虐殺は、激情が負の方向を向いた象徴と言えます。また、当時の知識人にとって、最も尊重すべき「漢」と儒教を攻撃したことは、それらを守ろうとした荀彧に不幸な死をもたらしました。近くにいた人間にとっては、緊張を強いられる人物であったことでしょう。

『三国志演義』は、その曹操を「姦絶」として悪役に据えました。それが文学としての奥行きを深くしたことは言うまでもありません。その際、注目すべきことは、『三国志演義』だけではなく、許劭が曹操を「乱世の姦雄」と評したように、曹操に接した人々も、曹操の革新性を「姦」と感じたことです。あまりにも先進的なものに接したとき、人々はその先端性に必ずしもついていけません。曹操の周囲で、曹操の志を心底理解できた者は何人いたのでしょうか。曹操の覇業に最も貢献した荀彧ですら、最期は曹操と袂を分かち、死に追い込まれました。それでも曹操は、自らの志を曲げませんでした。それが「老驥櫪に伏すも、志は千里に在り」という言葉に迫力を与え、われわれの心を打つのでしょう。

あとがき

本書は、「三国志」に興味を持った中学生・高校生のために書きました。三国志は、千八百年も昔の中国を舞台にした物語ですが、そこでの人の生きざまは、混沌とした現代を生きるわたしたちに、多くの示唆を与えてくれると思います。

本書で中心に取り上げた曹操は、三国のなかで最も優勢な曹魏の基礎を築いた人物です。曹操のライバルであった袁紹は、四世代にわたって宰相を輩出した名門の出身でした。曹操は、四百年も続いた漢帝国の伝統を改革し、そして漢帝国を支えていた儒教に抵抗することで、強力なライバルたちを打ち破っていきます。しかし、時代を変革する者には、多くの困難が降りかかります。袁紹、さらには劉備・諸葛亮、孫権といった人々だけではなく、曹操を支えた荀彧までもが、曹操の変革を妨げようとしました。

それでも、曹操が志を曲げることは、ありませんでした。その結果、赤壁の戦いに敗れ、子の曹丕が建国した曹魏も、司馬懿の孫である司馬炎に奪われます。それでも、志を曲げず、自分の信ずる道を貫いた曹操の生き方は、わたしたちに生きるヒントを与えてくれるのではないでしょうか。

いま日本では、三国志展が開催されています。その中心的な展示物は、中国では未公開の曹操高陵からの出土品です。三国志には、諸葛亮・関羽(かんう)など、曹操以上に日本や中国で愛されてきた英雄がいます。そうしたなかで、本書が曹操を中心としたのは、曹操高陵の遺物が日本で見られる今こそ、曹操の生きざまを知って欲しかったためです。

昨年より早稲田佐賀中学・高校の理事長をしているわたしに、中高生に向けた本の執筆を勧めてくれた、ちくまプリマー新書編集部編集長の橋本陽介さんに、この場を借りて感謝申し上げます。

二〇一九年八月

渡邉　義浩

chikuma primer shinsho

ちくまプリマー新書 337

はじめての三国志(さんごくし) 時代(じだい)の変革者(へんかくしゃ)・曹操(そうそう)から読(よ)みとく

二〇一九年十一月十日 初版第一刷発行

著者 渡邉義浩(わたなべ・よしひろ)

装幀 クラフト・エヴィング商會

発行者 喜入冬子

発行所 株式会社筑摩書房
東京都台東区蔵前二‐五‐三 〒一一一‐八七五五
電話番号 〇三‐五六八七‐二六〇一(代表)

印刷・製本 株式会社精興社

ISBN978-4-480-68362-5 C0222 Printed in Japan